UNDER THE ADVISORY EDITORSHIP OF
IAN LORAM
Professor of German, The University of Wisconsin

Paths to German Poetry
AN INTRODUCTORY ANTHOLOGY

Kein ding sei wo das wort gebricht.
STEFAN GEORGE

Paths to German Poetry

AN INTRODUCTORY ANTHOLOGY

Lore Barbara Foltin
&
Hubert Heinen

University of Pittsburgh

Harper & Row, Publishers

NEW YORK   HAGERSTOWN   SAN FRANCISCO   LONDON

ACKNOWLEDGMENTS

The editors wish to express their gratitude to the following publishers and persons for permission to reprint certain poems in this anthology:

Atrium Verlag, Zurich, for permission to include "Sachliche Romanze" by Erich Kästner from *Aus Doktor Erich Kästners Lyrische Hausapotheke* (1936).

Mr. Rainer Brambach, Basel, for permission to include "Poesie."

Claassen Verlag, Hamburg, for permission to include "Genazzano" by Marie Luise Kaschnitz from *Überallnie. Ausgewählte Gedichte* (Hamburg: Claassen Verlag, 1965).

Deutsche Verlags-Anstalt, Stuttgart, for permission to include the following poems: "Todesfuge" by Paul Celan from *Mohn und Gedächtnis* (Copyright 1963). "Mitte Oktober" by Christoph Meckel from *Nebelhörner* (Copyright 1959). "Im Hafen" by Heinz Piontek from *Mit einer Kranichfeder* (Copyright 1962). "Im Hafen" is reprinted also by arrangement with Mr. Heinz Piontek, Munich.

Eugen Diederichs Verlag, Düsseldorf-Köln, for permission to include "Schöne Agnete" by Agnes Miegel from *Gesammelte Balladen* (*Gesammelte Werke*, II) (Copyright 1953, 1959).

S. Fischer Verlag, Frankfurt am Main, for permission to include "Der Mensch ist stumm" by Franz Werfel from *Das lyrische Werk*, ed. Adolf D. Klarmann, © S. Fischer Verlag, Frankfurt am Main, 1967. Reprinted also by arrangement with Dr. Adolf D. Klarmann, Philadelphia.

Carl Hanser Verlag, Munich, for permission to include "Der Besuch" by Eugen Roth from *Mensch und Unmensch. Heitere Verse* (München: Carl Hanser Verlag, 1948).

Henssel Verlag, Berlin, for permission to include "Die neuen Fernen" by Joachim Ringelnatz from *Und auf einmal steht es neben dir*. Copyright 1950 by Karl H. Henssel Verlag, Berlin.

Insel Verlag, Frankfurt am Main, for permission to include the following poems: "Die Beiden" by Hugo von Hofmannsthal from *Gedichte* (Copyright Insel-Bücherei, n.d.). "Der Panther," "Römische Fontäne," and "Das Karussell" by Rainer Maria Rilke from *Sämtliche Werke*, I (Copyright 1955).

iv

ACKNOWLEDGMENTS

Hermann Luchterhand Verlag, Neuwied am Rhein, for permission to include "Askese" by Günter Grass from *Gleisdreieck*. © August 1960 by Hermann Luchterhand Verlag GmbH, Darmstadt, Berlin-Spandau, Neuwied am Rhein.

Sigbert Mohn Verlag, Gütersloh, for permission to include "Die Signatur" by Wilhelm Lehmann from *Sämtliche Werke*, III (Copyright 1962).

Otto Müller Verlag, Salzburg, for permission to include "Ein Winterabend" by Georg Trakl from *Die Dichtungen*, 12. Auflage (Salzburg: Otto-Müller-Verlag, 1938).

R. Piper & Co. Verlag, Munich, for permission to include the following poems: "Reklame" by Ingeborg Bachmann from *Anrufung des großen Bären*, Copyright 1962 by R. Piper & Co. "Tabula Rasa" by Hans Egon Holthusen from *Hier in der Zeit*, Copyright 1949 by R. Piper & Co. Reprinted also by arrangement with Dr. Hans Egon Holthusen.

Suhrkamp Verlag, Frankfurt am Main, for permission to include the following poems: "Erinnerung an die Marie A." and "Fragen eines lesenden Arbeiters" by Bertolt Brecht from *Gedichte*, I, IV (Copyright 1960, 1961). "Denke daran, daß der Mensch des Menschen Feind ist" by Günter Eich from *Träume* (Copyright 1953). "Ins lesebuch für die oberstufe" by Hans Magnus Enzensberger from *Verteidigung der wölfe* (Copyright 1957). "Jugendflucht" by Hermann Hesse from *Gesammelte Dichtungen*, V, (Copyright 1952, 1957). "Selbstbildnis mit der Rumflasche" by Karl Krolow from *Gesammelte Gedichte* (Copyright 1965). "Chor der Geretteten" by Nelly Sachs from *Fahrt ins Staublose* (Copyright 1961).

Verlag der Arche/Peter Schifferli, Zurich, for permission to include "Einsamer nie" and "Ein Wort" by Gottfried Benn which appeared originally in the book *Gottfried Benn, Statische Gedichte*, poems, copyright 1948 by Verlags AG "Die Arche," Peter Schifferli, Zürich (Arche-Bücherei Nr. 190/191).

Verlag Helmut Küpper (vormals Georg Bondi), Munich, for permission to include "Es lacht in dem steigenden jahr dir" and "Der herr der insel" by Stefan George from *Werke. Ausgabe in zwei Bänden*, I, © 1958 durch Verlag Helmut Küpper vormals Georg Bondi, München und Düsseldorf.

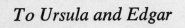

To Ursula and Edgar

Preface

This book grew out of the conviction that it is possible, indeed desirable, to teach the reading and interpretation of poetry fairly early in the course of instruction. Therefore we have designed this anthology for intermediate courses in language and introductory courses in literature. There are, of course, many paths or approaches to poems. We have endeavored to learn from Socrates and employ one of the oldest teaching devices, the use of leading questions.

Each poem is followed by two sets of questions. The A questions, chronologically arranged, ask for simple answers based on the content of the poem. The B questions are the "teaching" (leading) questions, which serve a dual purpose: They point to important aspects of the interpretation, thus taking the place of elaborate explanations, and they encourage the student to involve himself in the poem, i.e., to try to understand the poetic statement and to comment on it. He should, during the process of reading through and thinking about the poems, gain some insight into this illusive thing called the poem, including the technical aspects of rhyme, assonance, meter, etc.

In formulating the questions, we have endeavored to follow the maxim that no question be asked which does not significantly lead to an understanding of the poem. Thus, for example, the question, "Wo gibt es Alliteration?" is not asked merely pro forma, but is an attempt to point out the importance of alliteration for the poem. We hope, therefore, that when a request for dry fact is made, it will be understood by the reader as a challenge toward understanding and appreciation.

The book does not claim to give a picture of German poetry since Klopstock. Nor does it aspire to take the place of a large anthology. Yet we like to think that the poems are representative of their authors. Approximately half of the book is devoted to modern poets. Only time will tell if their poems are, as we think, indeed the brilliant statement of the human condition of our own age, or whether another generation will relegate them to the back of the drawer. We are certain, however, that these poems by contemporary writers will give meaning and pleasure to young people. Reflecting as they do the spirit of our time, they will speak perhaps more directly to the young reader than poems of earlier generations with other artistic conventions.

The poems in this volume were chosen for their literary relevance and suitability for interpretation. Although they are predominantly lyrical, there are narrative poems and ballads too. No poem was chosen simply to show a certain literary movement, although many may be found quite typical of a definite school.

In the visible vocabulary we have glossed words which appear relatively infrequently, not because we think the student should not learn some of them, but because we feel that he must know them to understand the poems and he might be tempted to guess at their meaning if they were listed only in the end vocabulary. Guessing at the meaning of words is a useful practice in general reading, but the language of poetry is too concentrated to permit it. In any case, the primary value of this anthology as a tool for language learning lies in the development of understanding, both with respect to grammatical features and to connotations, and of oral and written expression in answering the questions. The visible vocabulary contains all words not in the lists of Pfeffer[1] and Ryder,[2] with the exception of obvious cognates and derivatives, and words which occur frequently in this textbook. Compound verbs whose simple form is in the end vocabulary we star rather than give the principal parts. The superior letters refer the reader to the "Outline of Poetic Terminology and Diction."

The aids to understanding which we have provided, i.e., the "Einleitung," the "Outline of Poetic Terminology and Diction,"

[1] J. Alan Pfeffer, *Grunddeutsch: Basic (Spoken) German Word List and Index of English Equivalents for the Basic (Spoken) German Word List* (Englewood Cliffs, N.J.: Prentice-Hall, 1964 and 1965).
[2] Frank G. Ryder and E. Allen McCormick, *Lebendige Literatur,* Part II (Boston: Houghton Mifflin Co., 1960, 1962), viii–xxvii.

the "Notes on the Poets and Bibliography," the visible and end vocabularies, and, of course, the questions, form only a part of the *Paths to German Poetry;* the broad paths from which one should not stray are the poems themselves.

We wish to thank Professor Ian C. Loram of the University of Wisconsin for his constant willingness to aid us in every phase of the preparation of this anthology. Without his untiring interest, it would have been difficult to complete the work. We also wish to thank our students and those colleagues who have allowed themselves to be used as guinea pigs while we tested preliminary versions of the questions and for contributing valuable suggestions.

L. B. F.

H. H.

Inhaltsangabe

INHALTSANGABE

Einleitung[1]

Die deutsche Lyrik[2] macht einen wichtigen Teil der deutschen Literatur aus[3] und soll schon aus diesem Grund relativ früh gelesen werden. Man lernt durch das Lesen von Gedichten nicht nur die Sprache genauer, sondern man hat auch mit Literatur, besonders mit Gedichten, einen konkreten Gesprächsstoff,[4] den man sonst im Unterricht nicht hat. Die Gedichte dieser Anthologie sind so gewählt und kommentiert, die Fragen zu den Gedichten sind so gestellt, daß sich ein Gespräch[5] über die Gedichte leicht entwickelt. Das Glossar, welches folgt ("Outline of Poetic Terminology and Diction"), gibt dazu einen nützlichen Wortschatz.[6] Auch lassen sich kleine Essays schreiben, besonders wenn man die Fragen im Auge behält.[7] In diesem Buch sind vor allem rein lyrische Gedichte; doch sind auch Balladen und philosophische und politische Gedichte darin enthalten. Alle sind für sich allein[8] verständlich,[9] also ohne daß man das ganze Werk des Dichters liest und auch ohne biographische Hinweise.[10] Der Platz, den die in der Anthologie vertretenen[11] Dichter in der deutschen Literatur einnehmen,[12] ist in den "Notes on the Poets and Bibliography" in Anhang[13] näher bestimmt.

Die Sprache der Lyrik ist im Grunde die gleiche, die man auch sonst spricht und liest, aber sie ist doch anders: konzentrierter, vieldeutiger[14] und präziser[15] zugleich. Vor allem unterscheidet sich die lyrische Sprache von der Alltagssprache[16] dadurch, daß

1. **die Einleitung, –en** introduction   2. **Lyrik**[j]
3. **aus-machen** to constitute
4. **der Gesprächsstoff, –e** subject for conversation, theme
5. **das Gespräch, –e** conversation   6. **der Wortschatz** vocabulary
7. **im Auge behalten*** to keep in mind
8. **für sich allein** in and for themselves
9. **verständlich** understandable   10. **der Hinweis, –e** reference
11. **vertreten*** to represent   12. **ein-nehmen*** to take, have
13. **der Anhang, ─e** appendix   14. **vieldeutig** rich in connotations
15. **präzis** precise   16. **die Alltagssprache** everyday speech

1

sie oft nicht sofort verstanden werden kann, sondern erst mit der Zeit und bei genauem Lesen Bedeutung gewinnt.

Wie versteht man Gedichte? Um diese Frage zu beantworten, muß man daran denken, daß ein Gedicht nicht nur etwas sagt und bedeutet, sondern auch und vor allem etwas ist. Um ein Gedicht zu verstehen, müssen wir also nicht nur wissen, was es sagt und was dies bedeutet, sondern auch was das Gedicht ist. Jedes Wort und jeden Satz müssen wir sehr genau betrachten. Zuerst versuchen wir, den Inhalt zu bestimmen. Dann müssen wir uns immer fragen: Was heißt das? Warum sagt der Dichter das? Warum so und nicht anders? Wir müssen jedesmal feststellen, was die innere Form ist, d.h. in welcher Folge[17] die Gedanken und Bilder[18] vorkommen. Wir dürfen aber auch die äußere[19] Form nicht vergessen. Dies alles nützt aber wenig, wenn wir das Gedicht nicht sprechen und hören, denn die Lyrik wirkt sowohl auf das Gefühl als auch auf den Verstand. Gedichte klingen, und wir müssen sie klingen hören.

Lesen Sie das folgende Gedicht laut vor![20] Stellen Sie dann fest, ob Sie jedes Wort und jeden Satz verstehen. Man versteht „wo" in der ersten Zeile am besten als „irgendwo". Das Gedicht steht am Ende von Mörikes „Mozart auf der Reise nach Prag" und ist für das Verständnis[21] dieser Novelle[22] nötig, doch kann es durchaus für sich betrachtet werden.

17. **die Folge, –n** order, sequence   18. **das Bild, –er**d picture, image
19. **äußer** external, outward   20. **vor-lesen*** to read (aloud)
21. **das Verständnis** understanding   22. **die Novelle, –n** novella, tale

Eduard Mörike
DENK ES, O SEELE

Ein Tännlein grünet wo,
Wer weiß, im Walde,
Ein Rosenstrauch, wer sagt,
In welchem Garten?
Sie sind erlesen schon,
Denk es, o Seele!
Auf deinem Grab zu wurzeln
Und zu wachsen.

denken* to think, *here also:* to remember, consider (= **gedenken***)

1 **grünen** to grow

3 **der Rosenstrauch, ¨er** rose-bush

5 **erlesen** preordained

7 **wurzeln** to take root

2

Zwei schwarze Rößlein weiden
Auf der Wiese,
Sie kehren heim zur Stadt
In muntern Sprüngen.
Sie werden schrittweis gehn
Mit deiner Leiche;
Vielleicht, vielleicht noch eh
An ihren Hufen
Das Eisen los wird,
Das ich blitzen sehe!

9 **das Roß, –sse** horse; **weiden** to graze
11 **heim-kehren** to return home
12 **munter** lively; **der Sprung, –̈e** leap
13 **schrittweis[e]** with a measured step
14 **die Leiche, –n** body, corpse
16 **der Huf, –e** hoof
17 **das Eisen, –** *here:* horseshoe

Wie in der Anthologie selbst können wir hier einige Fragen stellen, mit deren Hilfe man das Gedicht etwas genauer lesen kann.

A.
1. Wo müssen wir das Wort „grünet" einsetzen,[23] um einen vollständigen[24] Satz zu bilden?
2. Welches Wort weist auf die Prädestinierung hin[25]?
3. An wen ist der Befehl „denk es" (bedenke es, denke daran) gerichtet[26]?
4. Welche lebenden Wesen werden in dem Gedicht erwähnt?
5. Wo stellt der Dichter fest, daß der Tod auch mitten im Leben kommen kann?

B.
1. Was ist der Unterschied zwischen der Tätigkeit der Rößlein in der elften und zwölften Zeile und der in der dreizehnten und vierzehnten?
2. Welches Bild könnte man als Ausgangspunkt[27] des ganzen Gedichtes betrachten?
3. Wo hört der Satz am Zeilenende auf? Wo fällt das Zeilenende mit einer Pause im Satz zusammen[28] (leichtes Enjambement)[29]? Wo fließt der Satz ohne Pause über das Zeilenende hinweg[30] (Enjambement)?

23. **ein-setzen** to insert[u] 24. **vollständig** complete
25. **hin-weisen auf** to allude to 26. **richten an** to direct to, address to
27. **der Ausgangspunkt, –e** point of departure
28. **zusammen-fallen*** to coincide 29. **Enjambement**[e]
30. **über . . . hinweg** beyond

3

4. Machen Sie ein Bild, aus dem wir die metrische[31] Form erkennen können, indem Sie die folgenden Zeichen gebrauchen: x́ für eine betonte Silbe oder Hebung und x für eine unbetonte Silbe oder Senkung. Welche Zeilen sind besonders unregelmäßig?

5. Wo werden die Anfangslaute[32] verschiedener betonter Silben wiederholt (Alliteration)[33]?

Die A-Fragen beantworten wir am besten gleich mit knappen[34] Sätzen.

1. Wir müssen „grünet" einsetzen, um aus der dritten und vierten Zeile einen vollständigen Satz zu machen: „Ein Rosenstrauch [grünet], wer sagt, / In welchem Garten."

2. Das Wort „erlesen" in der fünften Zeile weist in diesem Zusammenhang[35] auf die Prädestinierung hin.

3. Der Befehl „denk es" ist an die Seele gerichtet, und die Seele scheint die des Dichters zu sein, also spricht sich der Dichter selbst an.[36]

4. Das Tännlein, der Rosenstrauch, die zwei Rößlein und indirekt der Dichter selbst sind lebende Wesen, die in dem Gedicht erwähnt werden.

5. Der Dichter stellt in dem ganzen Gedicht fest, daß der Tod mitten im Leben kommen kann, aber der Gedanke kommt am deutlichsten in der dreizehnten bis zur achtzehnten Zeile zum Ausdruck.

Anstatt die B-Fragen auf ähnliche Weise zu beantworten, versuchen wir eine Interpretation des ganzen Gedichtes, in der wir nicht nur die A- und B-Fragen berücksichtigen,[37] sondern auch auf andere Punkte eingehen,[38] die aus diesen Fragen und vielen anderen, die man sich stellen kann, hervorgehen.[39] Die angeführten[40] Fragen bilden nämlich nur *einen* Ausgangspunkt,

31. **metrisch**k   32. **der Anfangslaut, –e**   beginning sound
33. **Alliteration**a   34. **knapp**   brief
35. **der Zusammenhang, ∸e**   context
36. **(sich) an-sprechen***   to address (oneself)
37. **berücksichtigen**   to take into consideration
38. **ein-gehen* auf**   to deal with
39. **hervor-gehen* aus**   to follow from   40. **an-führen**   to mention

4

sie sollen anregen,[41] aber sie müssen sich auf wichtige Einzelheiten[42] des Gedichtes beschränken.[43]

Bevor man ein Gedicht interpretiert, muß man sich ein Bild davon machen,[44] was das Gedicht sagt. Auch ehe man „Denk es, o Seele" genauer liest, sieht man, daß es sich hier um die Feststellung handelt,[45] daß der Tod immer, auch mitten im Leben kommen kann. Die Frage, die wir uns stellen müssen, ist: wie hat der Dichter diese etwas farblose, selbstverständliche[46] Wahrheit zu einer neuen, vitalen Wirklichkeit gemacht? Die Funktion der Dichtung ist ja, das Selbstverständliche mit neuem Inhalt zu füllen, damit es nicht mehr nur selbstverständlich ist.

Welche Ausdrücke gebraucht der Dichter? Um das Gedicht sprachlich zu verstehen, müssen wir unter anderem beachten,[47] daß zwei der Wörter, die für Tiere und Pflanzen gebraucht werden, Verkleinerungsformen[48] sind (Tännlein, Rößlein). Auch der Rosenstrauch deutet auf etwas Kleines hin.[49] Verkleinerungsformen findet man im Volkslied[50] häufig, und wir werden auch durch den Gebrauch des Dialektwortes „wo" an das Volkslied erinnert, aber das Gedicht ist kein gewöhnliches Volkslied (Mörike nennt es in „Mozart auf der Reise nach Prag" ein altes böhmisches[51] Volksliedchen). Die Verkleinerungsform soll uns wohl andeuten,[52] daß das Leben vertraut[53] und lieblich[54] ist. Bedeutungsvoll ist auch das Wort „grünen", das in der ersten Zeile steht und in der dritten Zeile hinzuzudenken[55] ist, da es auf das frische, junge Leben hinweist, das wir in den ersten vier Zeilen beider Strophen finden. In dem Wort „erlesen" der ersten Strophe sehen wir, daß der Dichter daran denkt, daß Leben und Tod prädestiniert sind, also in Gottes Hand ruhen. Wenn wir in der Apostrophe an die Seele eine Anrede[56] des Dichters an seine

41. **an-regen** to stimulate   42. **die Einzelheit, –en** individual point
43. **sich beschränken auf** to be limited to
44. **sich ein Bild von etwas machen** to get an idea of something
45. **sich handeln um** to concern, deal with
46. **selbstverständlich** obvious, self-evident
47. **beachten** to take into consideration
48. **die Verkleinerungsform, –en** diminutive
49. **hin-deuten auf** to point to   50. **das Volkslied**s folksong
51. **böhmisch** Bohemian   52. **an-deuten** to suggest
53. **vertraut** familiar   54. **lieblich** pleasing, lovely
55. **hinzu-denken*** to supply in thought   56. **die Anrede, –n** address

eigene Seele, an sein inneres Ich verstehen sollen, so haben wir als Inhalt der ersten Strophe etwa: Wer kennt die Wege Gottes? Ich weiß nur, daß Leben und Tod zusammengehören und daß Gott meinen Tod geplant hat.

In der zweiten Strophe wird das Element der Prädestinierung nicht wieder aufgenommen. Die Tätigkeit der Rößlein weist auf Leben und Lebendigkeit in den ersten vier Zeilen der zweiten Strophe hin. Ihr Springen wird in der fünften Zeile zum langsamen Gang vor dem Leichenwagen.[57] Auch hier sehen wir den Tod mitten im Leben, aber die Gewißheit der göttlichen Prädestinierung muß nicht wiederholt werden.

Jetzt verstehen wir ungefähr, was das Gedicht sagt, doch wir wissen immer noch nicht, was das Gedicht *ist*. Um dies zu wissen, müssen wir zuerst sehen, wie das Gedicht etwas sagt, wir müssen die Form betrachten.

Das Gedicht ist nicht gereimt.[58] Es besteht aus zwei Strophen, die einander ähnlich aber nicht gleich sind. Mit einer Ausnahme[59] wechseln Hebung[60] (betonte Silbe) und Senkung (unbetonte) ab, so daß man jambische [x x́ x x́ x x́ (x)] und trochäische [x́ x x́ x x́ (x)] Verse hat. Nicht alle Verse haben die gleiche Zahl von Hebungen. In beiden Strophen haben die erste, dritte, fünfte und siebte Zeile drei Hebungen, während die zweite, vierte, sechste und achte Zeile zwei Hebungen haben. Wir erwarten, daß die neunte Zeile der längeren zweiten Strophe drei Hebungen und die zehnte zwei Hebungen hat (warum?), aber wir bemerken, daß die neunte nur zwei, die zehnte dagegen drei Hebungen hat. Die sechste Zeile der ersten Strophe, die auch als Titel des Gedichtes dient, ist unregelmäßig: x x x x́ x. Die achte, zehnte und achtzehnte Zeile bestehen aus Trochäen. Enjambement hat man nur in der zweiten Strophe, und dann gleich fünfmal: die neunte Zeile fließt in die zehnte, die elfte in die zwölfte, die dreizehnte in die vierzehnte, die fünfzehnte in die sechzehnte und die sechzehnte in die siebzehnte. Leichtes

57. der Leichenwagen, – hearse **58. reimen**[m] to rhyme
59. die Ausnahme, –n exception **60. Hebung**[k] stress

Enjambement hat man aber an entsprechenden[61] Stellen in der ersten Strophe: über eine Pause hinweg fließt der Satz von der ersten zur zweiten Zeile, von der dritten zur vierten, von der fünften über die sechste hinweg zur siebten und von der siebten zur achten.

Mit diesen Feststellungen haben wir die metrische Form des Gedichtes beschrieben. Das abstrakte Bild des Metrums, das wir hier haben, sagt uns nichts über den Inhalt des Gedichtes aus,[62] das Metrum wirkt aber auf den Inhalt ein.[63] Zuerst können wir das, was wir oben sagten, schematisch wiederholen [) = leichtes Enjambement,)) = Enjambement].

```
  ´ ´ ´                           ´ ´ ´
  x x x x x x                     x x x x x x x
  ´ ´ ´          )                ´ ´ ´          ))
  x x x x x                       x x x x
  ´ ´ ´ ´                         ´ ´ ´ ´
  x x x x x x                     x x x x x x
  ´ ´            )                ´ ´            ))
  x x x x x                       x x x x x
  ´ ´ ´                           ´ ´ ´
  x x x x x x                     x x x x x x
  ´ ´                )            ´ ´            ))
   x xxx x          )             x x x x
  ´ ´ ´            )              ´ ´ ´
  x x x x x x x                   x x x x x x
  ´ ´            )                ´ ´            ))
   x x x x                        x x x x
                                  ´ ´
                                  x x x x x
                                  ´ ´ ´          ))
                                  x x x x x x
```

Zur äußeren Form gehören neben dem Metrum auch andere Elemente, wie z.B. Alliteration und Assonanz.[64] Die Alliteration des „w" in den ersten zwei Zeilen beider Strophen fällt sofort auf: wo, weiß, Walde; weiden, Wiese. Sie kommt auch am Ende der ersten Strophe vor: wurzeln, wachsen. Wir finden auch Alliteration des „sch" in der zweiten Strophe: Stadt, Sprüngen, schrittweis. Alliteration stellt eigentlich nur einen besonderen Fall der Assonanz dar. Assonanz ist die Wiederholung desselben (betonten) Lautes. In den Wörtern „deiner Leiche", „vielleicht" (zweimal) und „Eisen" finden wir den gleichen Laut. Ein langes

61. **entsprechend** corresponding   62. **aus-sagen** to tell, state
63. **ein-wirken auf** to have an effect or influence on   64. **Assonanz**b

„e" haben wir in „erlesen" und „Seele". Nicht nur die Vokale,[65] sondern auch die Konsonanten hören wir in einigen von diesen Wörtern: vor allem „l" aber auch „ch" und „s", wobei es nicht allzu wichtig ist, ob der konsonantische Laut zu der betonten Silbe gehört. Wenn wir die äußere Form noch einmal betrachten, so können wir sehen, daß das Enjambement Gruppen bildet. Der Gebrauch von Alliteration und Assonanz verbindet einige von diesen Gruppen, so daß wir sagen können, daß die ersten vier Zeilen beider Strophen formal zusammengehören. Auf ähnliche Weise gehören die letzten vier Zeilen beider Strophen zusammen. Die fünfte und sechste Zeile der zweiten Strophe wird jedoch sowohl durch Alliteration mit der ersten Gruppe, als auch durch Assonanz mit der zweiten verbunden.

Die innere Form muß nicht mit der äußeren Form übereinstimmen.[66] Deshalb betrachtet man sie am besten für sich, bevor man beide vergleicht. Die Wiederholung bestimmter Begriffe gibt uns eine erste Einsicht[67] in die innere Form. In diesem Gedicht wird von vier lebenden Wesen gesprochen: vom Tännlein, vom Rosenstrauch und von den zwei Rößlein. Die ersten vier Zeilen der ersten Strophe berichten vom Leben des Tännleins und des Rosenstrauchs, die ersten vier Zeilen der zweiten Strophe vom Leben der Rößlein. Die fünfte, siebte und achte Zeile der ersten Strophe und die fünfte und sechste Zeile der zweiten Strophe verbinden dieses Leben mit dem Tod. Das Element der Zeit, das in der ersten Strophe in dem Wort „schon" anklingt,[68] kehrt in der zweiten Strophe als Hauptinhalt[69] der letzten vier Zeilen wieder.[70] Der Kontrast in der zweiten Strophe zwischen den „muntern Sprüngen" der Pferde und ihrem langsamen Gang vor dem Leichenwagen findet wohl kaum eine Parallele in der ersten Strophe. Selbst wo wir die stärkste Parallele finden, nämlich zwischen den ersten vier Zeilen der beiden Strophen, finden wir auch Unterschiede. Die Unbestimmtheit[71] der ersten vier Zeilen der ersten Strophe ist schon in der fünften Zeile dieser Strophe nicht mehr da und findet sich in der zweiten Strophe

65. **der Vokal, –e** vowel 66. **überein-stimmen** to correspond
67. **die Einsicht, –en** insight 68. **an-klingen*** to begin to sound
69. **der Hauptinhalt, –e** main contents, theme
70. **wieder-kehren** to return 71. **die Unbestimmtheit** indefiniteness

8

nicht an entsprechender Stelle, sondern erst später in dem zweimal wiederholten Wort „vielleicht" wieder.[72] Den wichtigsten
Unterschied zwischen den beiden Strophen sehen wir hierin:
nur die neunte bis zwölfte und die achtzehnte Zeile werden so
formuliert, daß wir in dem Dichter einen Zeugen[73] des Gesche-
hens sehen. Der Rest des Gedichtes ist eigentlich eine gedankliche[74] Assoziation, die von dem Anblick[75] der Pferde ausgeht.
Da die Form Anblick und Assoziation mischt, können wir sie
nur zusammen verstehen. Die innere und äußere Form verlaufen[76] in vielem parallel und erwecken[77] dadurch in uns das
Gefühl, daß die gedankliche Konstruktion der ersten Strophe
genau so wirklich ist wie der Anschauungsbericht[78] der zweiten.
Die Assoziation der dreizehnten bis siebzehnten Zeile ergibt sich
dann aus[79] der Parallele der ersten Strophe. Aber genau wie
Querverbindungen[80] innerhalb der äußeren Form bestehen, bestehen auch solche zwischen der äußeren und der inneren. „Denk
es, o Seele" wird metrisch und inhaltlich[81] hervorgehoben. Leben
und Tod, Gewißheit und Unbestimmtheit werden miteinander
verbunden. Das Gedicht fängt mit kurzen, fragenden oder un-
bestimmten Sätzen an. Es wird schon im Infinitivsatz am Ende
der ersten Strophe etwas fließender, kehrt aber am Anfang der
zweiten Strophe zu (etwas weniger) kurzen Sätzen zurück,[82]
die jedoch bestimmt sind. Nach der gedanklichen und formalen
Parallele der dreizehnten und vierzehnten Zeile zur fünften fließt
der Satz von der fünfzehnten Zeile an zum Ende. Inhaltlich und
formal verläuft die zweite Strophe fast parallel zur ersten
Strophe. Wie in der ersten wird zuerst vom Tod gesprochen.
Wir kehren in beiden Strophen zum Leben zurück, in der ersten Strophe mit den Wörtern „wurzeln" und „wachsen" und in
der zweiten mit dem Wort „blitzen". In diesem letzten Wort
kommt sowohl der Widerschein[83] der Sonne vom Hufeisen[84]

72. **sich wieder-finden*** to recur   73. **der Zeuge, –n, –n** witness
74. **gedanklich** mental, intellectual   75. **der Anblick** sight
76. **verlaufen*** to run (a course), proceed   77. **erwecken** to awaken
78. **der Anschauungsbericht, –e** eye-witness report
79. **sich ergeben* aus** to result from
80. **die Querverbindung, –en** cross connection
81. **inhaltlich** in terms of content   82. **zurück-kehren** to return
83. **der Widerschein, –e** reflection   84. **das Hufeisen** horseshoe

wie auch die Lebendigkeit der Pferde zum Ausdruck. Da der Blitz auch ein Bild der Schnelligkeit ist, werden wir hier mit einem vielsagenden[85] Wort wie in dem ganzen Gedicht an das liebliche Leben und an den Tod erinnert.* Trauer und Freude, Resignation und Zufriedenheit drücken sich in dem Gedicht aus. Das sind Stimmungen, die in dem Kontrast zwischen Leben und Tod hervorgerufen[86] und in dem Bild von dem blitzenden Hufeisen vereinigt[87] werden.

Man muß nicht jedes Gedicht gerade in der Art betrachten, wie dieses. Wenn es sich um ein gutes Gedicht handelt, kann man aber immer mehr verstehen, je genauer man das Gedicht betrachtet. Es gibt keine Methode, nach der wir Gedichte automatisch analysieren können. Wir müssen nur Fragen stellen, bei jedem Gedicht andere. Einige Fragen werden immer wiederkehren (z.B. Was ist die Regel, und was sind die Ausnahmen?), andere nicht. Aber bei allen guten Gedichten kann man sicher sein, daß noch viele Fragen gestellt werden könnten, da ein Gedicht uns viel mehr zu sagen hat, als wir in einer einfachen Paraphrase des Inhalts ausdrücken können. Man erkennt etwas vom Wesen des Gedichtes erst in dem Zusammenwirken[88] von Inhalt und Form. Das Wesentliche[89] ist natürlich nicht die Interpretation, sondern das Gedicht selbst. Hoffentlich haben wir eines gezeigt: ein Gedicht, das wir nicht verstehen, ist weit weniger wertvoll für uns, selbst wenn es uns irgendwie gefällt, als ein Gedicht, das wir genau lesen.

---

85. **vielsagend** very significant

* Heinz Otto Burger meint, daß es eine Überinterpretation wäre, das Wort „blitzen" als Symbol „für die blitzartige Plötzlichkeit des Todes" zu verstehen („Von der Struktureinheit klassischer und moderner deutscher Lyrik", *Evokation und Montage*, Göttingen 1961, S. 19).

86. **hervor-rufen*** to evoke
87. **vereinigen** to unify
88. **das Zusammenwirken** interaction
89. **wesentlich** essential

Outline of Poetic Terminology and Diction

a. **die Alliteration** (alliteration): Repetition of the first sound of (stressed) syllables, *e.g.,* Mörike ("Denk es, o Seele") "Auf deinem Grab zu wurzeln und zu wachsen." Alliteration may tie words together, as in this line, and it always contributes to the musicality of the work. Unstressed *consonants* may contribute to the musical effect of alliteration, *e.g.,* Mörike ("Denk es, o Seele") "Ein Tännlein grünet wó, wer wéiß."

   die Anaphora (anaphora): See *die Wiederholung.*

b. **die Assonanz** (assonance): Repetition of sounds in stressed syllables, *e.g.,* Mörike "Sie sind erlesen schon/ Denk es, o Seele." Assonance has the same function as alliteration, which is essentially a special instance of assonance. Normally, one does not speak of end rhyme as contributing to assonance (see *der Reim*).

c. **die Ballade** (ballad): A strophic form of (folk) poetry which most frequently presents the climax of a narrative. Ballads are generally objective, in that the narrator is outside the action, but they often contain dialogue. Because of this dialogue, and because most ballads present a climax, they are generally dramatic. The more the dramatic and narrative elements are relegated to the background, the more lyric the ballad becomes. The most common ballad forms are eight- or four-line strophes with cross rhyme or rhymed couplets (see *das Reimschema*). Other ballad forms are possible, including those with refrains, *e.g.,* Mörike "Der Feuerreiter."

   die Betonung (stress): See *die Hervorhebung.*

   betonen to stress.

11

d. das Bild (image): A poetic **image** is the presentation in words of an object or a strictly limited action, *e.g.,* Mörike ("Denk es, o Seele") "Rößlein" or "in muntern Sprüngen." A **symbol** is an image which suggests other, usually more abstract meanings *while not losing its original meaning— e.g.,* Goethe ("Wandrers Nachtlied II") "balde/ Ruhest du auch," where the word and implied action "ruhest" suggests death; or in Rilke's "Der Panther," in which the caged panther seems to represent a human prisoner as well as a captive animal. Since all language is connotative as well as denotative, the boundary between a simple image and a symbolic one is not fixed, so that the words *Bild* and *bildlich* may imply either.

    bildlich figurative.

der Chiasmus (chiasmus): See *die Wiederholung.*

chiastisch "chiastic."

der Daktylus (dactyl): See *das Metrum*

daktylisch dactylic.

e. das Enjambement (enjambment, run-on lines): The flowing of syntactic units over the end of a verse line. Strictly speaking, one has a run-on line if one would not expect any sort of pause at the end of the verse line. One has **leichtes Enjambement** if the syntactic unit continues across the verse boundary but one could expect a slight pause; see the "Einleitung" for examples of the two. Run-on lines can form groups, or they can simply act to increase the fluidity of the poetry by decreasing the importance of the verse boundaries. If the syntactic unit ends immediately after enjambment, the words after enjambment may be emphasized, *e.g.,* Enzensberger ("Ins lesebuch") "zinken," "für die wehrlosen."

die Hebung (accent, stress): See *das Metrum.*

-hebig stress—*e.g., vierhebig, fünfhebig.*

f. die Hervorhebung (stress, emphasis): This emphasis may be **metrical** (caused by a deviation from the prevailing meter of a poem), *e.g.,* Mörike "Denk es, o Seele" [x́ x x x́ x instead of x x́ x x́ x]. It may be **rhetorical,** for example

12

variation of normal word order (see *die Wortstellung*) or repetition (see *die Wiederholung*). **Alliteration** and **assonance** may emphasize certain words by tying them together (see *die Alliteration*). Unusual **word choice** may create emphasis (see *die Wortwahl*). In general one can say the exceptions to the rule in each poem are quite frequently identical with those aspects of the poem which are to be emphasized.

  hervor-heben* to emphasize.

der Jambus (iamb): See *das Metrum*.

jambisch iambic.

g. **der Klang** (sound): This is the term one uses to refer to sound in general, *i.e.*, the musical aspect of poetry.

h. **der Laut** (sound): This is the term one uses to refer to individual sounds: vowels (*der Vokal*) and consonants (*der Konsonant*).

i. **das Lied** (song): Although many forms of the song exist, since all poetry which is sung can be considered a song, in nineteenth- and twentieth-century poetry the term generally refers to a definite, simple verse form (see *das Volkslied*).

j. **die Lyrik** (lyric poetry): Most of the poems in this anthology are basically lyric, *i.e.*, they do not primarily tell a story or create a dramatic scene, but rather express a timeless and extremely personal mood or intuition. The German term *Lyrik* is wider than the English *lyric poetry*, including narrative poetry.

  lyrisch lyric.

männlicher Reim (masculine rhyme): See *der Reim*.

k. **das Metrum** (meter): The pattern of stressed (x́) and unstressed (x) syllables in verse. The metrical accent is called **die Hebung** in German; the unaccented syllable, **die Senkung**. The three common patterns in German poetry are **jambisch** x x́ x x́ ..., **trochäisch** x́ x x́ x ..., and **daktylisch** (x) x́ x x x́ x x .... Irregular meters are best described by schematic representation of the *Hebungen* and *Senkungen*. These can be divided into fixed irregular meters, as in the ode (see *die Ode*), and poetry without predetermined meter (*ohne vorbestimmtes Metrum*) in which iambs, trochees or dactyls may predominate, but need not. The effect of meter cannot be defined apart from the poem. Iambic and trochaic verse may impress us as simple and natural or as stylized and artificial, depending upon the type of language used in the poem. Dactyls may gives us the impression of dance rhythms, but they may also be used for dignified, stately poetry. Meter may be used for emphasis (see *die Hervorhebung*). In each case, one must determine the effect of the meter within the specific context.

metrisch metrical.

l. **die Ode** (ode): A classical form of strophic poetry, based on Greek and Roman models, employing for the most part certain set patterns; see Klopstock's "Die frühen Gräber" and Hölderlin's "An die Parzen."

der Parallelismus (parallelism): See *die Wiederholung*.

parallel parallel.

m. **der Reim** (rhyme): When the last stressed vowel sounds of two or more lines in a poem are identical, they are said to rhyme. **Unreiner Reim** (approximate or slant rhyme) occurs when the correspondence is only approximate and not exact, *e.g.,* Eichendorff ("Der Einsiedler") "-müd : -lied"; ("Das zerbrochene Ringlein") "gehen : sterben." Some slant rhymes are or may have been pure ones in the poet's dialect; nonetheless, from a literary (*hochdeutsch*) standpoint, they have the same effect as that of slant rhymes—*i.e.,* to link the poem with folk poetry. **Der Binnenreim** (internal rhyme) is rhyme within the verse line. It adds to the musicality of the poem and occasionally helps emphasize a word or words within the verse line, *e.g.,* Rilke ("Der Panther") "Stäbe gäbe." The terms masculine rhyme (**männlicher Reim**) and feminine rhyme (**weiblicher Reim**) indicate whether the last syllable is accented (*männlich*) or unaccented (*weiblich*). The effect of these types of rhyme is actually quite complicated, depending on the weight of the stress on the rhyme, the

14

presence or absence of *Enjambement,* and the presence or absence of an unaccented syllable before the first accent of the following line; however, one can say that feminine rhymes are frequently softer and more flowing than masculine ones, and conversely that masculine rhymes are frequently more abrupt than feminine ones. Some poets— *e.g.,* Rilke—manage to have a relatively weak stress on almost all rhyme words, partly through the use of run-on lines and partly through the use of compounds. For example, the rhyme words "übersteigend" and "Kreis" in Rilke's "Römische Fontäne" are the only ones in the whole poem whose stresses outweigh both the preceding and following stresses. The rhyme "Moosbehängen : Übergängen" gives the poem an especially soft conclusion.

n. **das Reimschema** (rhyme scheme): A standard method of indicating the arrangement of rhymes is to designate rhymes with small letters, *e.g.,* the rhyme scheme of lines 1–6 of "Der Handschuh" is *aabccb.* The most important patterns are **das Reimpaar** (rhymed couplet) *aabbcc* . . . , **der Kreuzreim** (cross rhyme) *ababcdcd* . . . , **der umklammernde Reim** (envelope rhyme) *abbacddc* . . . , **der Schweifreim** (sweeping rhyme) *aabccb.* . . . An unrhymed line in rhymed verse is called **die Waise** and is indicated by an *x; e.g.,* in all but one of the strophes of Goethe's "Maifest," we have the pattern *xaxa* (ballad rhyme). In Werfel's "Der Mensch ist stumm," which has a similar pattern *axax,* one strophe has the rhyme scheme *abab,* which emphasizes the word "stumm" in its last repetition. The fewer stresses (*Hebungen*) there are between rhymes, the more one notices the rhymes; thus an extremely short rhymed couplet (*e.g.,* Schiller's "Der Handschuh," lines 11–12) generally has the most noticeable rhyme (although run-on lines may affect this), while an extended interval between rhymes (*e.g.,* "Der Handschuh," lines 21 and 27) almost prevents their being heard, especially when the rhyme does not coincide with major syntactic breaks.

o. **der Rhythmus** (rhythm): The rhythm of verse can be found in the combined effect of the rather regular repetition of the accents (*Hebungen*) *and* in their relative weight. This last feature is quite important, but also very difficult to determine. In general, one can say that rhythm is the effect of a *specific realization* of a meter. Thus the meter of Benn's "Ein Wort" and "Einsamer nie" is the same, but the rhythm is completely different since "Ein Wort" has far more syntactic pauses and, because of this, a larger number of heavy stresses.

p. **das Rollengedicht:** A poem which expresses the poet's feelings or intuitions indirectly through a monologue or rôle spoken by the chosen character. Frequently, as in the *Rollengedichte* of Eichendorff (*e.g.,* "Der Einsiedler") or Mörike ("Das verlassene Mägdlein"), the rôle is in part determined by the function of the poem in a narrative framework. The *Rollengedicht* with its long tradition demonstrates the power of empathy the poet possesses.

die Senkung (unstressed syllable): See *das Metrum.*

q. **das Sonett** (sonnet): This form, which originated during the Italian Renaissance, stands out like a beautiful gem in the realm of poetry. Generally, five or six stress lines are used. The basic rhyme scheme of the sonnet is *abba abba cdecde,* but considerable variation of this scheme is allowed. Hofmannsthal's "Die Beiden" is an extreme example of such variation. The sonnet normally splits into an octave (*die Oktave*), composed of two quatrains (*das Quartett*), and a sestet (*das Sestett*), composed of two tercets (*das Terzett*). The octave and sestet frequently contrast ideationally; however this dialogue does not create independent true strophes. Instead the sonnet remains a self-contained unit, in effect, a strophe which has become isolated.

r. **die Strophe** (strophe, stanza): A unit of lines within a poem, usually parallel in structure (meter and rhyme scheme) with other units in the poem. Some such units are **die Volksliedstrophe** (see *das Volkslied*), **die Kirchenliedstrophe** (*e.g.,* Eichendorff's "Der Einsiedler"), **die Balladenstrophe** (actually quite a number of different structures, see *die Ballade*) and **die Odenstrophe** (see *die Ode*).

16

Poems composed of nonparallel strophes are of course not unusual. Variations in the length of such strophes often correspond to the developing ideational content. If the units are too dissimilar, it is best not to refer to them as strophes, but simply as units (*die Einheit*), or sections (*der Abschnitt*).

das Symbol (symbol): See *das Bild*.

symbolisch   symbolic, as a symbol.

der Trochäus (trochee): See *das Metrum*.

trochäisch   trochaic.

unreiner Reim (slant rhyme): See *der Reim*.

s. **das Volkslied** (folksong): A song transmitted by oral tradition, usually being changed, often simplified and made more concentrated in the process. Collecting of folksongs was especially avid in the nineteenth-century Germany, as was the imitation of these collected ballads. The common form of the nineteenth-century folksong (**die Volkslied-strophe**) was a four-line strophe with three- or four-stress lines, a great deal of metrical freedom in a basically iambic or trochaic pattern (see *das Metrum*), and the rhyme scheme *xaxa, abab,* or *aabb.* The use of this strophe in the twentieth century often implies a parody of older sentiment. Trakl and Benn, however, still employ the form, although their poems seldom parallel the older folk or folk-style poetry in content, without intending parody.

die Waise (unrhymed line): See *das Reimschema*.

weiblicher Reim (feminine rhyme): See *der Reim*.

t. **die Wiederholung** (repetition): This feature is important in virtually all poetic forms. Repetition can be understood as the recurrence of stresses at regular intervals or as the existence of certain metrical patterns (see *der Rhythmus* and *das Metrum*). Then also repetition may mean the recurrence of sounds (see *die Alliteration* and *die Assonanz*), or of certain words, concepts or structures. This essentially rhetorical device may be formalized; *e.g.,* **die Anaphora** (the repetition of words at the beginning of verse lines and syntactic structures), **der Parallelismus** (parallelism of syntax in successive verse lines), and **der**

Chiasmus (crossing of units: *AB / BA*). The function of repetition can perhaps best be explained if we look at some occurrences of it in Celan's "Todesfuge." The repetition of the first three lines, which occur with variation four times in the poem, impresses on us the omnipresence of death and the pall of death. The use of **Anaphora** in lines 24 and 25 serves to bind these lines, and thus to link more closely the ideas of playing forth death and the rising as smoke from the crematories. **Parallelismus** occurs, for example, in lines 8 and 9, which combine formally the elements of gravedigging and playing for a dance of death. One of many examples of **Chiasmus** can be seen in lines 14 and 15. To be sure, the structural cross reference of Margarete and Shulamite and the activities of the guard and the inmates only underscores the contrast between German and Jew; nonetheless, by extension we are challenged to see both girls as sweethearts, both activities as expressions of self-destruction. In any case, the significance of repetition, which is to emphasize certain words and thoughts and to place them in relation to each other, is amply indicated by these instances.

u. **die Wortauslassung** (omission of words): In normal speech one may omit certain words for stylistic reasons (to improve sentence rhythm or avoid repetition). These reasons also apply for poetry, where the use of fragmentary sentences is rather common. Normally the omitted words are auxiliary verbs or words which have appeared before, *e.g.,* in Schiller's "Teilung der Erde" we find "geschehen [war]," "verweilet [hast]," "geteilet [hat]"; in Platen's "Tristan," "angeschaut [hat]"; in Goethe's "Maifest," "Im Blütendampfe [segnest du]/ Die volle Welt," "Und [so lieben] Morgenblumen/ Den Himmelsduft"), and finally in Mörike's "Denk es, o Seele" we read "Ein Rosenstrauch [grünet]". Sometimes they must be determined by the context, *e.g.,* in Benn's "Einsamer nie," "Die Äcker [sind] hell" and in Holthusen's "Tabula rasa," "Und [der] wohnt in eines Menschenherzens Enge." In the case of Holthusen, this omission throughout the entire poem is probably deliberately reminiscent of Baroque poetry.

v. **die Wortgestalt** (word form): Short and extended forms of German words are used frequently in poetry as in normal speech. Some are common to both, *e.g.,* "denk[e]," Brentano, "hör[e]," "wie's = wie es," and "sehens = sehen es." Others we find primarily in poetry, *e.g.,* Schiller uses "ew'gen" to mean "ewigen" and "verteilet" instead of "verteilt." These latter are generally archaic and clearly stamp the language of the poem as poetic, even slightly artificial. The use of such poetic forms can also be an attempt to recreate the archaic style of folk poetry, *e.g.,* in Goethe's "Erlkönig" the use of "Erlenkönig" and in Eichendorff's "Das zerbrochene Ringlein" the use of "Mühlenrad" for "Mühlrad." Similarly, one finds adjectives without endings, *e.g.,* Goethe's "dein eigen Angesicht." The use of "ward" for "wurde" is comparable, although we find this form in all types of poetry (it frequently has a biblical ring).

w. **die Wortstellung** (word order): In poetry and in emotional language in general we find certain deviations from the normal word order. A traditional one in poetry is the prepositioned genitive: *e.g.,* Klopstock, "Des Maies Erwachen" for "das Erwachen des Maies," Goethe, "bei der Liebsten Gruß" for "bei dem Gruß der Liebsten." In the poetry of Klopstock, Hölderlin and others, one finds unusual word order which may suggest Greek poetry, *e.g.,* "wie war glücklich ich" for "wie glücklich war ich" and "gönnt . . . zu reifem Gesange mir" for "gönnt mir . . . zu reifem Gesange." Poetry modelled on the folksong often uses colloquial word order, *e.g.,* Heine's "Die Grenadiere," lines 3, 4, 31. Unusual word order may also be used to emphasize particular words, *e.g.,* in Enzensberger's "Ins lesebuch für die oberstufe," where the use of run-on lines contributes to this emphasis (see *das Enjambement*).

x. **die Wortwahl** (word choice): In all languages there is a traditional poetic vocabulary which contains a number of archaic or seldom used words and omits many commonly used ones. Much can be learned by noting to what extent a certain poet uses the poetic vocabulary of his generation, and to what extent he develops his own poetic vocabulary. Some words, such as "Mär(e)," "ob [= über]," and "Kunde" in Heine's "Die Grenadiere" are used because they are archaic (in the sense in which they are used) and thus serve to give this poem the patina of an old folk ballad (See *die Wortstellung* and *die Wortgestalt*). Stefan George loves unusual words; he uses "Eppich" for "Efeu" because of its esoteric quality. Bertolt Brecht uses the pseudo-archaic "Mond" for "Monat" as a reminiscence of bad sentimental poetry, and one assumes it is used satirically. In general, one can say that the more modern the poet is, the broader and more contemporary the poetic vocabulary becomes. Twentieth-century poets frequently delight in mixing stylistic and social levels in their poetic vocabulary. However, these questions are difficult ones—in part because language, which is the base of poetry, is constantly changing, and the current expression of one age may become the archaism of the next—in part because the connotations of words are not the same for all people.

Die Gedichte

FRIEDRICH GOTTLIEB KLOPSTOCK

NOTE: Asterisks in the visible vocabulary refer you to the root form of a strong or irregular weak verb (entfliehen*: find forms under fliehen.) Superior letters (des Maies ErwachenW, FreudV) in the visible vocabulary refer you to the "Outline of Poetic Terminology and Diction." You should refer to this *before* you begin to read the poems. Technical terms found in the questions are also explained in this outline.

1 **willkommen**   welcome
2 **der Gefährte, –n**V   companion
3 **entfliehen***   to flee, withdraw
4 **das Gewölk**   clouds; **hin-wallen**   to move across *or* past

5 **des Maies ErwachenW** = **das Erwachen des Maies**   awakening . . .

7 **der Tau**   dew; **träufen**   to fall drop by drop
8 **zu . . . herauf**   up over; **der Hügel, –**   hill; **kömmt = kommt**

9 **bewachsen***   to grow on
10 **das Mal, –e**   monument, tombstone

12 **sahe = sah**V; **sich röten**   to redden; **schimmern**   to glimmer

A5 **der Sonnenaufgang, ¨e**   sunrise

B2 **der Frühverstorbene, –n**   the prematurely deceased; **bedauernswert** to be pitied
B3 **erfüllen**   to fill

22

Friedrich Gottlieb Klopstock

1724–1803

DIE FRÜHEN GRÄBER

Willkommen, o silberner Mond,
Schöner, stiller Gefährt' der Nacht!
Du entfliehst? Eile nicht, bleib', Gedankenfreund!
Sehet, er bleibt, das Gewölk wallte nur hin.

5 Des Maies Erwachen ist nur
Schöner noch wie die Sommernacht,
Wenn ihm Tau, hell wie Licht, aus der Locke träuft
Und zu dem Hügel herauf rötlich er kömmt.

Ihr Edleren, ach, es bewächst
10 Eure Male schon ernstes Moos!
Oh, wie war glücklich ich, als ich noch mit euch
Sahe sich röten den Tag, schimmern die Nacht!

Fragen

A.
1. Wie nennt der Dichter den Mond?
2. Wen spricht er wohl mit „Sehet" in der vierten Zeile an?
3. Was ist noch schöner als die Sommernacht?
4. Wie ist das Bild zu verstehen, daß dem Mai Tau aus der Locke träuft?
5. In welchen Zeilen ist vom Sonnenaufgang die Rede?

B.
1. Warum nennt der Dichter den Mond wohl „Gedankenfreund"?
2. Will der Dichter sagen, daß die Frühverstorbenen bedauernswert sind? Ist das eine christliche Idee? Begründen Sie Ihre Antwort!
3. Welche Gefühle erfüllen seine Seele in der letzten Strophe?

FRIEDRICH GOTTLIEB KLOPSTOCK

B4 **zusammen· fassen**   to draw together

4. Wie faßt der Dichter das Bild vom Mond und das andere Bild vom Sonnenaufgang zusammen?

5. Die Form dieser Ode ist die folgende:

Das Metrum dieser von Klopstock selbst geschaffenen Odenform zwingt uns, die dritte Zeile der letzten Strophe so zu lesen: oh wie war glücklich ich, als ich noch mit euch. Wie würden wir diesen Satz normalerweise sprechen?

JOHANN WOLFGANG VON GOETHE

das Maifest   May festival

4 **die Flur, –en**   meadow

5 **dringen a u**   to burst open; **die Blüte, –n**   bud, blossom

8 **das Gesträuch**   bushes

9 **die Wonne, –n**   bliss

12 **die Lust**   delight

16 **Höhn = Höhen**[v]

17 **segnen**   to bless
18 **frisch**   here: green
19 **der Blütendampf, ⁓e**   vapor of blossoms
20 **[segnest du] die volle Welt; voll**   full, *here also:* whole

23 **blinken**   to sparkle, gleam

25 **die Lerche, –n**   lark

27 **Und [so lieben] Morgenblumen**
28 **der Himmelsduft, ⁓e**   fragrance of the air

Jøhann Wølfgang vøn Gøethe

1749–1832

MAIFEST

Wie herrlich leuchtet
Mir die Natur!
Wie glänzt die Sonne!
Wie lacht die Flur!

5 Es dringen Blüten
Aus jedem Zweig
Und tausend Stimmen
Aus dem Gesträuch

Und Freud und Wonne
10 Aus jeder Brust.
O Erd, o Sonne,
O Glück, o Lust,

O Lieb, o Liebe,
So golden schön
15 Wie Morgenwolken
Auf jenen Höhn,

Du segnest herrlich
Das frische Feld—
Im Blütendampfe
20 Die volle Welt!

O Mädchen, Mädchen,
Wie lieb ich dich!
Wie blinkt dein Auge,
Wie liebst du mich!

25 So liebt die Lerche
Gesang und Luft,
Und Morgenblumen
Den Himmelsduft,

27

JOHANN WOLFGANG VON GOETHE

A3 **bezeichnen**   to characterize

B1 **die freie Natur**   open country

B2 **der Ausruf, –e**   exclamation, interjection

2 **Ruh = Ruhe**[v]
3 **der Wipfel, –**   treetop

Wie ich dich liebe
30   Mit warmem Blut,
Die du mir Jugend
Und Freud und Mut

Zu neuen Liedern
Und Tänzen gibst.
35   Sei ewig glücklich,
Wie du mich liebst.

Fragen

A.

1. Erzählen Sie in Prosasätzen, wie Goethe den Mai beschreibt!
2. Was kommt außer der Beschreibung des Monates Mai in dem Gedicht vor?
3. Wie könnte man die Stimmung in dem Gedicht bezeichnen?
4. Was bedeutet das Mädchen dem Dichter?
5. Welchen Wunsch hat er für sie?

B.

1. Woraus können wir sehen, daß der Dichter hier in der freien Natur ist, nicht im kultivierten Garten?
2. In dem Gedicht finden wir sehr viele Ausrufe. (Zählen Sie sie!) Was wird dadurch ausgedrückt?
3. Vergleichen Sie Goethes Liebe zur Natur mit seiner Liebe zu dem Mädchen!
4. In welcher Strophe werden Zeilen gereimt, die in den anderen Strophen nicht gereimt werden? Welche Wörter werden dadurch hervorgehoben?
5. Alle Zeilen haben zwei Hebungen. Meistens sind es Jamben [x x́ x x́ (x)]. Wo aber finden wir x́ x x x́? Welche Wörter werden dadurch hervorgehoben?

WANDRERS NACHTLIED II

Über allen Gipfeln
Ist Ruh,
In allen Wipfeln

JOHANN WOLFGANG VON GOETHE

4. **spüren**   to feel, sense
5 **der Hauch**   breath of air

A1 **die Landschaft, –en**   scenery, landscape

A5 **überwiegen***   to predominate

B1 **besprechen***   to discuss, present

B2 **der Begriff, –e**   concept
B3 **die Ausnahme, –n**   exception; **die Zeit, –en**   *here:* tense

B5 **beachten**   to pay attention to; **unterschiedlich**   varying; **die Füllung, –en**   distribution of stressed and unstressed syllables

5 Spürest du
Kaum einen Hauch;
· Die Vögelein schweigen im Walde.
Warte nur, balde
Ruhest du auch.

Fragen

A.

1. Was für eine Landschaft wird hier beschrieben?
2. Welche Tageszeit ist es?
3. Wer ist in diesem Gedicht das „du"?
4. Worauf soll das „du" warten?
5. Die *a, au, o* und *u* Laute nennt man dunkel, die *e* und *i* Laute hell. Welche überwiegen hier?

B.

1. Warum kann man sagen, daß der Kreis dessen, was der Dichter hier bespricht, immer kleiner wird?
2. Welche Wörter und Begriffe werden wiederholt?
3. Mit einer Ausnahme sind alle Verben im Gedicht der Form nach in der Gegenwart. Wie scheidet der Imperativ trotzdem zwischen den Zeiten?
4. Wo finden wir Assonanz?
5. Das Metrum ist unregelmäßig:

```
        ́   ́    ́
       x  x  x  x  x x
        ́
       x x
        ́       ́
       x x  x  x x
        ́       ́
       x  x  x
        ́     ́
       x x x x
        ́       ́         ́
       x x x x x x x x x
        ́         ́
       x x x x x
        ́       ́
       x x x x
```

Was ist die Wirkung des Metrums? (Beachten Sie die unterschiedliche Füllung der Zeilen sowie Enjambement!)

31

1 **rauscht** = **rauschte**[v]; **rauschen** to roar, rush; **schwellen o o (i)** to swell, *here:* rise, heave

3 **[er] sah; der Angel, –** (*arch. for* **die Angel**) hook

4 **bis an ... hinan** to his very heart

5 **lauschen** to listen

6 **sich empor-teilen** to rise and separate; **die Flut** *here:* waves

7 **hervor-rauschen** to emerge suddenly, with the sound of rushing water

8 **das Weib, –er** woman; **feuchtes —** mermaid

10 **was** = **warum; locken** to entice; **die Brut** brood

11 **der Menschenwitz** human cunning; **die Menschenlist** human contriving

12 **die Todesglut** deadly heat

13 **Fischlein** = **den Fischlein**

14 **wohlig** pleasant

16 **erst** (*here: adv.*) for the first time

17 **laben** to refresh

19 **wellenatmend**[x] breathing waves

20 **doppelt schöner** twice as beautiful

22 **feuchtverklärt**[x] intensified by water

23 **dein eigen(es) Angesicht**[v]; **das Angesicht, –er** face

24 **der Tau** dew

26 **netzt** = **netzte; netzen** to moisten

27 **sehnsuchtsvoll** full of longing

28 **wie bei der Liebsten**[w] **Gruß** as if at his beloved's greeting

30 **es ist um ihn geschehen** he's lost, done for

32 **ward** = **wurde**[v]

DER FISCHER

Das Wasser rauscht', das Wasser schwoll,
Ein Fischer saß daran,
Sah nach dem Angel ruhevoll,
Kühl bis ans Herz hinan.
5   Und wie er sitzt, und wie er lauscht,
Teilt sich die Flut empor;
Aus dem bewegten Wasser rauscht
Ein feuchtes Weib hervor.

Sie sang zu ihm, sie sprach zu ihm:
10   „Was lockst du meine Brut
Mit Menschenwitz und Menschenlist
Hinauf in Todesglut?
Ach wüßtest du, wie's Fischlein ist
So wohlig auf dem Grund,
15   Du stiegst herunter, wie du bist,
Und würdest erst gesund.

Labt sich die liebe Sonne nicht,
Der Mond sich nicht im Meer?
Kehrt wellenatmend ihr Gesicht
20   Nicht doppelt schöner her?
Lockt dich der tiefe Himmel nicht,
Das feuchtverklärte Blau?
Lockt dich dein eigen Angesicht
Nicht her in ew'gen Tau?"

25   Das Wasser rauscht', das Wasser schwoll,
Netzt' ihm den nackten Fuß;
Sein Herz wuchs ihm so sehnsuchtsvoll,
Wie bei der Liebsten Gruß.
Sie sprach zu ihm, sie sang zu ihm;
30   Da war's um ihn geschehn:
Halb zog sie ihn, halb sank er hin,
Und ward nicht mehr gesehn.

JOHANN WOLFGANG VON GOETHE

A2 **der Vorwurf, ¨e** reproach

B1 **das Rauschen** (rushing) sound

der Erlkönig king of the elves (*from the Danish* ellekonge)

3 **im Arm haben** to hold

5 **bergen a o (i)** to hide; **bang(e)** anxious

7 **Erlenkönig[v]; Kron = Krone[v]; der Schweif, –e** tail, *here:* train (of a robe)
8 **der Nebelstreif, –en** streak of mist

11 **der Strand, –e** shore
12 **manch gülden[xv] Gewand = manch ein goldenes Gewand** many a golden robe

Fragen

A.

1. Wie war die Stimmung des Fischers am Anfang des Gedichtes?
2. Welchen Vorwurf machte ihm das Weib?
3. Was erzählte sie von den Fischen, der Sonne und dem Mond?
4. Was meint der Dichter in der vierundzwanzigsten Zeile mit dem ewigen Tau?
5. Was geschieht am Ende der Ballade?

B.

1. Welche Wirkung hatten die Rede der Frau und das Rauschen des Wassers auf den Fischer?
2. Viele Balladen haben geheimnisvolle Aspekte. Wo sehen Sie hier das Geheimnisvolle?
3. Sehen Sie einen erotischen Zug im Gedicht? Wenn ja, wo?
4. Wo finden wir Wiederholung und was ist ihre Funktion?
5. Die achtzeilige Strophe findet man häufig bei Balladen. Wie kann man diese Strophe mit der Volksliedstrophe vergleichen?

ERLKÖNIG

Wer reitet so spät durch Nacht und Wind?
Es ist der Vater mit seinem Kind;
Er hat den Knaben wohl in dem Arm,
Er faßt ihn sicher, er hält ihn warm.—

5 Mein Sohn, was birgst du so bang dein Gesicht?—
Siehst, Vater, du den Erlkönig nicht?
Den Erlenkönig mit Kron und Schweif?—
Mein Sohn, es ist ein Nebelstreif.—

„Du liebes Kind, komm, geh mit mir!
10 Gar schöne Spiele spiel ich mit dir;
Manch bunte Blumen sind an dem Strand;
Meine Mutter hat manch gülden Gewand."

16 **dürr** dry; **säuseln** to rustle

18 **warten** *here:* to wait on, serve
19 **den Reihen führen** to do a round dance; **nächtlich** nocturnal
20 **wiegen** to rock; **wiegen und tanzen und singen dich ein** lull you to sleep with dancing and singing

22 **düster** somber, gloomy

24 **die Weide, –n** willow

27 **an-fassen** to grab hold of
28 **ein Leids tun** to hurt

29 **dem Vater grauset's = es grauset ihm** the father gets scared, shudders; **geschwind** quick
30 **ächzen** to groan
31 **mit Mühe und Not** barely, with great exertion

A2 **die Fieberphantasie, –n** delirious hallucination

A3 **verführen** to seduce, entice

A5 **der Spätherbst** late autumn

B1 **die Zaubergestalt, –en** magical figure

Mein Vater, mein Vater, und hörest du nicht,
Was Erlenkönig mir leise verspricht?—
15 Sei ruhig, bleibe ruhig, mein Kind!
In dürren Blättern säuselt der Wind.—

„Willst, feiner Knabe, du mit mir gehn?
Meine Töchter sollen dich warten schön;
Meine Töchter führen den nächtlichen Reihn
20 Und wiegen und tanzen und singen dich ein."

Mein Vater, mein Vater, und siehst du nicht dort
Erlkönigs Töchter am düstern Ort?—
Mein Sohn, mein Sohn, ich seh es genau;
Es scheinen die alten Weiden so grau.—

25 „Ich liebe dich, mich reizt deine schöne Gestalt;
Und bist du nicht willig, so brauch ich Gewalt."—
Mein Vater, mein Vater, jetzt faßt er mich an!
Erlkönig hat mir ein Leids getan!—

Dem Vater grauset's, er reitet geschwind,
30 Er hält in Armen das ächzende Kind,
Erreicht den Hof mit Mühe und Not;
In seinen Armen das Kind war tot.

Fragen

A.

1. Warum reitet der Vater so spät in der Nacht mit dem Kind?
2. Welche Antworten des Vaters versuchen, die Fieberphantasien des Sohnes auf rationale Weise zu erklären?
3. Wie will Erlkönig das Kind verführen?
4. Wie bedroht Erlkönig das Kind?
5. Aus welchen Worten sehen wir, daß es Spätherbst ist?

B.

1. Wo kommen in diesem Gedicht, außer dem Erlkönig, Zauber-gestalten vor?

JOHANN WOLFGANG VON GOETHE

B2 die Spannung, –en tension

2. Die Ballade zeigt meistens eine dramatische Situation und enthält Spannung. Wo kommt das hier vor?
3. Was könnte die Bedeutung des Erlkönigs als Naturmacht sein?
4. Das Gedicht besteht aus erzählenden Strophen und Dialogstrophen. Welche von diesen bilden einen Rahmen und was ist die künstlerische Wirkung dieses Rahmens?
5. Was ist die Wirkung davon, daß der Reim dieser vierhebigen, unregelmäßigen Zeilen immer männlich ist?

die **Teilung, –en**   division, distribution

1 **hin-nehmen*** to take; **zu-rufen*** to call out to; **Zeus** (*Gr.*)   King of the gods, Jupiter (*Lat.*)

3 **schenk[e]**^{v}; **zu** *here:* as; **das Erbe** inheritance, heritage; **ew[i]gen**^{v}; **das Lehen** fief

4 **teilt euch . . . darein**   share it among yourselves

5 **was** *here:* whoever

6 **sich regen** to move; **geschäftig** busily

7 **der Ackermann**^{x} (*arch.*)   farmer; **die Frucht, ⁻e** fruit; (*pl.*) bounty

8 **der Junker, –**   country squire; **birschen = pirschen** to hunt (deer)

9 **der Speicher, –**   granary

10 **der Abt, ⁻e** abbot; **der Firnewein, –e** old wine

11 **sperren** to close, block

12 **sprechen*** to speak, *here also:* to decree; **der Zeh(e)nte, –n, –n** (*lit.*) tenth part; toll, tithe

13 **geschehen [war]**^{u}

14 **nahen** to draw near; **die weite Ferne** a great distance

18 **getreu** faithful

19 **der Klage Ruf = den Ruf seiner Klage; erschallen** to ring out, resound

20 **sich hin-werfen*** to prostrate oneself; **Jovis** (*gen.*)   Jupiter's

21 **verweil[e]t**^{v} **[hast]**^{u}; **sich verweilen** to spend time, tarry

22 **versetzen** to rejoin, reply; **hadern** to quarrel

23 **denn** *here:* anyway; **geteil[e]t**^{v} **[hat]**^{u}

25 **mein Auge hing an deinem Angesichte** my eye hung upon your countenance

26 **An deines Himmels Harmonie**^{w} **[hing]**^{u} **mein Ohr**

27 **verzeihen ie ie** to forgive; **Geiste** d.h. der Poet spricht von sich selbst

28 **berauschen** to intoxicate, overwhelm; **irdisch** earthly, temporal

Friedrich Schiller

(1759–1805)

DIE TEILUNG DER ERDE

„Nehmt hin die Welt!", rief Zeus von seinen Höhen
Den Menschen zu. „Nehmt, sie soll euer sein!
Euch schenk ich sie zum Erb und ewgen Lehen—
Doch teilt euch brüderlich darein."

5   Da eilt', was Hände hat, sich einzurichten,
Es regte sich geschäftig jung und alt.
Der Ackermann griff nach des Feldes Früchten,
Der Junker birschte durch den Wald.

Der Kaufmann nimmt, was seine Speicher fassen,
10   Der Abt wählt sich den edlen Firnewein,
Der König sperrt' die Brücken und die Straßen
Und sprach: „Der Zehente ist mein."

Ganz spät, nachdem die Teilung längst geschehen,
Naht' der Poet, er kam aus weiter Fern—
15   Ach, da war überall nichts mehr zu sehen,
Und alles hatte seinen Herrn!

„Weh mir! so soll denn Ich allein von allen
Vergessen sein, ich, dein getreuster Sohn?"
So ließ er laut der Klage Ruf erschallen
20   Und warf sich hin vor Jovis Thron.

„Wenn du im Land der Träume dich verweilet",
Versetzt der Gott, „so hadre nicht mit mir.
Wo warst du denn, als man die Welt geteilet?"
„Ich war", sprach der Poet, „bei dir.

25   Mein Auge hing an deinem Angesichte,
An deines Himmels Harmonie mein Ohr—
Verzeih dem Geiste, der, von deinem Lichte
Berauscht, das Irdische verlor!"

29 was tun? what can I do?

A1 an-bieten o o to offer

A3 errichten to establish; **die Zollstelle, –n** toll gate
A4 sich verspäten to be late

B1 der Mythos myth; **das Geheimnis, –se** secret; **ein-weihen** to initiate; **verständlich** intelligible

B2 hauptsächlich primarily

B5 die Ausnahme, –n exception

1 **der Löwengarten** park or arena in which lions are pitted against each other
2 **das Kampfspiel, –e** "tournament," fight
3 **Franz** *Francis I of France, reigned 1515–1547*
4 **der Große, –n** *here:* lord, courtier
5 **rings** round about
6 **der Kranz, –̈e** (*lit.*) wreath; group, ring

7 **winken** to signal, wave
8 **(sich) auf-tun*** to open; **der Zwinger, –** cage, den, pit

„Was tun?" spricht Zeus, „die Welt ist weggegeben,
30 Der Herbst, die Jagd, der Markt ist nicht mehr mein,
Willst du in meinem Himmel mit mir leben—
Sooft du kommst, er soll dir offen sein."

Fragen

A.
1. Wer hörte Zeus, als er den Menschen die Welt anbot?
2. Was wählten der Bauer, der Junker und der Kaufmann als ihren Teil der Welt?
3. Wer errichtete Zollstellen?
4. Warum hat sich der Dichter verspätet?
5. Bekam der Dichter auch einen Teil der Welt?

B.
1. Schafft Schiller hier einen Mythos oder sollen wir das Gedicht allegorisch verstehen, d.h., will er uns in ein Geheimnis der Natur einweihen (mythisch) oder uns durch verständliche Bilder eine Idee klarer machen (allegorisch)?
2. Für wen interessiert sich Schiller hauptsächlich?
3. Was ist nach Schiller die Funktion des Dichters?
4. Welche Zeilen jeder Strophe haben immer fünf Hebungen?
5. Eine Zeile in jeder Strophe hat (mit einer Ausnahme) vier Hebungen. Wo ist die fünfhebige Zeile, welche die Ausnahme bildet, und warum hat wohl Schiller nicht hier auch eine vierhebige Zeile?

DER HANDSCHUH

Vor seinem Löwengarten,
Das Kampfspiel zu erwarten
Saß König Franz,
Und um ihn die Großen der Krone
Und rings auf hohem Balkone
Die Damen im schönen Kranz.

Und wie er winkt mit dem Finger,
Auf tut sich der weite Zwinger,

FRIEDRICH SCHILLER

9 **bedächtig** deliberate

11 **sich um-sehen*** to look about

13 **gähnen** to yawn
14 **die Mähnen** (*arch. acc. sing.*) = **die Mähne**^v

18 **behend** quickly

20 **hervor-rennen*** to rush out
21 **der Sprung, –̈e** bound, leap

23 **wie** = **als; erschauen** to catch sight of

25 **der Schweif, –e** tail
26 **der Reif** ring, circle
27 **recken** to stretch out; **die Zunge, –** tongue
28 **scheu** warily
29 **umgehen*** to circle around; **der Leu**^x = **der Löwe** (*poet.*) lion
30 **grimmig** fierce; **schnurren** to purr, *here:* growl, snarl
31 **sich nieder-strecken** to stretch out on the ground; **murren** to grumble, growl

34 **aus-speien ie ie** to spit out; **das doppelt geöffnete Haus** cage with double doors

36 **die Kampfbegier** lust for combat

38 **packen** to seize; **die Tatze, –n** paw, claw; **das . . . sie** = **der Tiger packt die Leoparden**
39 **das Gebrüll** roar(ing)
40 **sich auf-richten** to get up; **wirds** = **wird es**^v

42 **die Mordsucht** desire for the kill
43 **sich lagern** to lie down, crouch; **greulich** dreadful

Und hinein mit bedächtigem Schritt
10 Ein Löwe tritt
Und sieht sich stumm
Rings um,
Mit langem Gähnen,
Und schüttelt die Mähnen
15 Und streckt die Glieder
Und legt sich nieder.

Und der König winkt wieder,
Da öffnet sich behend
Ein zweites Tor,
20 Daraus rennt
Mit wildem Sprunge
Ein Tiger hervor.

Wie der den Löwen erschaut,
Brüllt er laut,
25 Schlägt mit dem Schweif
Einen furchtbaren Reif
Und recket die Zunge,
Und im Kreise scheu,
Umgeht er den Leu
30 Grimmig schnurrend,
Drauf streckt er sich murrend
Zur Seite nieder.

Und der König winkt wieder,
Da speit das doppelt geöffnete Haus
35 Zwei Leoparden auf einmal aus,
Die stürzen in mutiger Kampfbegier
Auf das Tigertier;
Das packt sie mit seinen grimmigen Tatzen,
Und der Leu mit Gebrüll
40 Richtet sich auf—da wirds still,
Und herum im Kreis,
Von Mordsucht heiß,
Lagern sich die greulichen Katzen.

45

44 **von des Altans Rand** = **von dem Rand des Altans**   from the edge of the balcony

47 **mitten hinein**   into the middle

48 **der Ritter, –**   knight, Sir; **spotten**   to mock; — **der Weise^v**   mockingly
49 **das Fräulein, –**   *here:* Lady Kunigund

51 **mirs** = **mir es^v; schwören**   to vow, swear
52 **ei**   well

53 **in schnellem Lauf**   at a brisk pace

56 **aus der Ungeheurer Mitte**   from the midst of the monsters
57 **keck**   bold, daring; **mit —em Finger**   boldly

58 **das Grauen**   horror
59 **sehens** = **sehen es^v**
60 **gelássen**   calmly

61 **schallen**   to resound
62 **zärtlich**   tender
63 **er** = **der Blick; verheißen***   to promise, assure

66 **begehren**   to desire
67 **zur selben Stunde** = **sofort**

A3 **absichtlich**   on purpose

A5 **schätzen**   to appreciate

Da fällt von des Altans Rand
45 Ein Handschuh von schöner Hand
Zwischen den Tiger und den Leun
Mitten hinein.

Und zu Ritter Delorges spottender Weis
Wendet sich Fräulein Kunigund.
50 „Herr Ritter, ist eure Lieb so heiß,
Wie ihr mirs schwört zu jeder Stund,
Ei, so hebt mir den Handschuh auf!"

Und der Ritter in schnellem Lauf
Steigt hinab in den furchtbaren Zwinger
55 Mit festem Schritte,
Und aus der Ungeheuer Mitte
Nimmt er den Handschuh mit keckem Finger.

Und mit Erstaunen und mit Grauen
Sehns die Ritter und Edelfrauen,
60 Und gelassen bringt er den Handschuh zurück.

Da schallt ihm sein Lob aus jedem Munde,
Aber mit zärtlichem Liebesblick—
Er verheißt ihm sein nahes Glück—
Empfängt ihn Fräulein Kunigunde
65 Und er wirft ihr den Handschuh ins Gesicht:
„Den Dank, Dame, begehr ich nicht!"
Und verläßt sie zur selben Stunde.

Fragen

A.
1. Welche Tiere kämpfen miteinander?
2. Was macht der Tiger, bevor er sich auf den Löwen stürzt?
3. Läßt die Dame den Handschuh absichtlich fallen oder fällt er durch Zufall?
4. Warum will die Dame, daß der Ritter Delorges ihr den Handschuh holt?
5. Wie zeigt Fräulein Kunigunde, daß sie die Tat des Ritters schätzt?

FRIEDRICH SCHILLER

B1 **erhöhen** to increase; **die Spannung, –en** tension

B2 **sich zeigen als** to demonstrate that one is; **kühn** brave, daring

B5 **dazwischenliegend** intervening; **zusammen-stoßen ie o (ö)** to come together

B.

1. Warum kann man sagen, daß der Handschuh zur Zeit einer sehr erhöhten Spannung fällt?
2. Wie zeigt sich der Ritter als kühn?
3. Warum überrascht uns das Ende des Gedichtes (die letzten drei Zeilen)?
4. Beschreiben Sie das Reimschema und das Metrum des Gedichtes!
5. Welche sehr wichtige Zeile wird durch Alliteration und dadurch, daß zwei Hebungen ohne dazwischenliegende Senkung zusammenstoßen, stark hervorgehoben?

FRIEDRICH HÖLDERLIN

die Parzen   the Fates

1 **Ein**   one *(stressed)*, one single; **gönnen**   to grant; **gewaltig**   powerful
2 **zu reifem Gesange mir**ᵂ = **mir zu reifem Gesange**

4 **sättigen**   to satisfy, satiate

5 **der . . . ihr göttlich**ᵛ **Recht nicht ward**ᵛ   to which its divine right . . . was not granted, *i.e.,* which did not receive divine justice
6 **der Orkus**   underworld, Hades
7 **das am Herzen mir liegt**   upon which my heart is intent

9 **die Stille**   quiet; **die Schattenwelt, –en**   world of shades, Hades
10 **wenn auch**   even if; **das Saitenspiel, –e**   lyre, *here also:* music of a stringed instrument
11 **hinab-geleiten**   to accompany down
12 **mehr bedarf's nicht**   that suffices

A1 **die Schicksalsgöttinnen**   the Fates

A2 **die Erfüllung, –en**   fulfillment; **sich wünschen**   to desire
A3 **die Unterwelt, –en**   underworld, Hades

A5 **der Schatten, –**   *here:* shade, ghost

B4 **ausführlich**   expressly, in detail

Friedrich Hölderlin

(1770–1843)

AN DIE PARZEN

Nur Einen Sommer gönnt, ihr Gewaltigen!
Und Einen Herbst zu reifem Gesange mir,
  Daß williger mein Herz, vom süßen
    Spiele gesättiget, dann mir sterbe.

5 Die Seele, der im Leben ihr göttlich Recht
  Nicht ward, sie ruht auch drunten im Orkus nicht;
    Doch ist mir einst das Heil'ge, das am
      Herzen mir liegt, das Gedicht, gelungen,

  Willkommen dann, o Stille der Schattenwelt!
10 Zufrieden bin ich, wenn auch mein Saitenspiel
    Mich nicht hinabgeleitet; Einmal
      Lebt ich, wie Götter, und mehr bedarf's nicht.

Fragen

A.
1. Was sollen die Schicksalsgöttinnen (die Parzen) dem Dichter gönnen?
2. Welche Erfüllung wünscht sich Hölderlin, bevor er stirbt?
3. Meint Hölderlin, daß er in der Unterwelt (im Orkus) die Erfüllung findet, die er im Leben nicht findet?
4. Was meint Hölderlin mit Saitenspiel in der zehnten Zeile?
5. Von welchen Worten wissen wir, daß der Dichter es nicht nötig findet, auch nach dem Tod unter den Schatten der Unterwelt zu dichten?

B.
1. Meinen Sie, daß nach diesem Gedicht die Erfüllung in der Lyrik wichtiger ist als das Leben selbst? Wie begründen Sie Ihre Meinung?
2. Scheint der Dichter mit seiner gegenwärtigen Situation zufrieden zu sein? Begründen Sie Ihre Anwort!
3. Was bedeutet für Hölderlin ein Leben wie Götter?
4. Welcher wichtige Gedanke der ersten Strophe wird ausführlicher in der zweiten und dritten Strophe zusammen dargestellt?

FRIEDRICH HÖLDERLIN

B5 **benutzen**   to use

die Hälfte, –n   half

5 **trunken**   intoxicated
6 **tunken**   to dip
7 **heilignüchtern**[x]   hallowed-sober

13 **sprachlos**   mute
14 **klirren**   to rasp, creak, squeak, grind; **die Fahne, –n = die Wetterfahne**   weather vane

A1 **schildern**   to describe
A2 **wider-spiegeln**   to reflect

5. Hölderlin benutzt hier eine alkäische Ode.

$$\begin{array}{ccccccccccc}
 & \acute{} & & \acute{} & & \acute{} & & \acute{} & & \acute{} & \\
x & x & x & x & x & x & x & x & x & x & x \\
 & \acute{} & & \acute{} & & \acute{} & & \acute{} & & \acute{} & \\
x & x & x & x & x & x & x & x & x & x & x \\
 & \acute{} & & \acute{} & & \acute{} & & \acute{} & & & \\
x & x & x & x & x & x & x & x & x & & \\
 & \acute{} & & \acute{} & & \acute{} & & \acute{} & & & \\
x & x & x & x & x & x & x & x & x & &
\end{array}$$

Der Gebrauch von Enjambement ist typisch für die Odenform. Wo finden wir hier Enjambement?

HÄLFTE DES LEBENS

Mit gelben Birnen hänget
Und voll mit wilden Rosen
Das Land in den See,
Ihr holden Schwäne,
5   Und trunken von Küssen
Tunkt ihr das Haupt
Ins heilignüchterne Wasser.

Weh mir, wo nehm ich, wenn
Es Winter ist, die Blumen und wo
10   Den Sonnenschein
Und Schatten der Erde?
Die Mauern stehn
Sprachlos und kalt, im Winde
Klirren die Fahnen.

Fragen

A.

1. Durch welche Bilder schildert der Dichter den Spätsommer?
2. Was wird im Wasser widergespiegelt?
3. Woher wissen wir, daß der Dichter in der zweiten Strophe an die Zukunft denkt?
4. Was sieht der Dichter und was stellt er sich vor?
5. Durch welches Bild betont er die Kälte?

FRIEDRICH HÖLDERLIN

B1 die Gemeinsamkeit, –en mutuality, (feeling of) relationship

B2 das Gleichnis, –se simile, image; **auf-fassen** to conceive, understand

B3 verstärken to increase, strengthen; **die Öde** desolation

B4 bildich metaphoric; **sich fürchten vor** to be afraid of

B.

1. Die erste Strophe gibt ein Bild des Spätsommers, die zweite ein Bild des Winters. In der ersten Strophe benutzt Hölderlin die „du"-Form („Ihr holden Schwäne"), in der zweiten die „ich"-Form („Weh mir"). Kann man aus den Bildern und Formen einen Schluß über Gemeinsamkeit gegenüber Isolation ziehen?

2. Könnte man die „holden Schwäne" als ein Gleichnis für die Liebenden auffassen? Begründen Sie Ihre Antwort!

3. Was verstärkt das Gefühl der Kälte und Öde, das wir bei der Feststellung bekommen, daß die Mauern sprachlos und kalt dastehen?

4. Sehen Sie die zweite Strophe als einen bildlichen Ausdruck dafür, daß der Dichter sich vor dem Altwerden oder vor dem Tod fürchtet oder keines von beiden?

5. Findet man Reim in dem Gedicht? Enjambement? Sind die Zeilen einander metrisch gleich?

CLEMENS BRENTANO

das Wiegenlied ,–er lullaby

1 **singet** = **singt**^{v}
2 **flüsternd[es]**^{v}
3 **die Weise, –n** melody

5 **gelinde** mellow, tender, soft
6 **der Kiesel, –** pebble

8 **summen** to hum; **murmeln** to murmur; **rieseln** to ripple, trickle

A3 **sich an-hören** to sound
A4 **sich beziehen* auf** to refer to

das Geräusch (–es e) noise

Clemens Brentano

(1778–1842)

WIEGENLIED

Singet leise, leise, leise
Singt ein flüsternd Wiegenlied,
Von dem Monde lernt die Weise,
Der so still am Himmel zieht.

5   Singt ein Lied so süß gelinde,
Wie die Quellen auf den Kieseln,
Wie die Bienen um die Linde
Summen, murmeln, flüstern, rieseln.

Fragen

A.

1. Welche Jahreszeit ist es?
2. Was sollen wir singen?
3. Wie hört sich das an, was wir singen sollen?
4. Worauf bezieht sich „der" in der vierten Zeile?
5. Welche Geräusche machen nach Brentano die Bienen beim Fliegen um die Linde?

B.

1. Das Gedicht gibt keine logische Naturbeschreibung, da die Bienen beim Mondschein nicht um Bäume fliegen. Was hat wohl die Wahl des Bildes bestimmt?
2. Beschreibt der Dichter sonst wirkliche Natur? Begründen Sie Ihre Antwort!
3. Worin unterscheiden sich die beiden Strophen?
4. Welche Zeilen enden in männlichen und welche in weiblichen Reim?
5. Welche Konsonanten und Vokale werden wiederholt? Was ist die Wirkung dieser Wiederholung?

57

CLEMENS BRENTANO

das Abendständchen, –   serenade

1 **hör = höre; klagen**   *here:* to lament, sigh; **die Flöte, –n**   flute, recorder
2 **rauschen**   to make a splashing sound
3 **nieder-wehen**   to drift down
4 **stille = sei still; lauschen**   to listen
   hold – kindly

5 **mild = mildes**   tender; **das Verlangen**   longing

7 **umfangen***   to embrace, surround
8 **der Töne Licht^w = das Licht der Töne**

B3 statt-finden*   to take place

B5 versetzen   to put

CLEMENS BRENTANO

ABENDSTÄNDCHEN

Hör, es klagt die Flöte wieder,
Und die kühlen Brunnen rauschen,
Golden wehn die Töne nieder—
Stille, stille, laß uns lauschen!

5 Holdes Bitten, mild Verlangen,
Wie es süß zum Herzen spricht!
Durch die Nacht, die mich umfangen,
Blickt zu mir der Töne Licht.

Fragen

A.

1. Was hört man in dem Gedicht?
2. Was spricht süß zum Herzen?
3. Von wessen Bitten und wessen Verlangen ist hier die Rede?
4. Meinen Sie, daß die Person, die das Gedicht spricht, in einem Haus ist oder draußen?
5. Mit welchen Wörtern beschreibt der Dichter das Abendständchen, von dem der Titel spricht?

B.

1. Wir nennen es Synästhesie, wenn etwas, was wir gewöhnlich hören, gesehen wird oder etwas, was wir gewöhnlich fühlen, gehört wird (z.B. klingende Kälte), u.s.w. In diesem Gedicht kommt zweimal Synästhesie vor. Wo?
2. Wie ist die Synästhesie mit dem Rauschen der kühlen Brunnen verwandt?
3. Warum wird das Licht als Metapher so betont, obwohl das Ständchen am Abend stattfindet?
4. Das Gedicht besteht aus vierhebigen Trochäen, also viermal x́ x. Sind beide Strophen genau gleich?
5. In welche Stimmung versetzt uns das Gedicht?

59

JOSEPH VON EICHENDORFF

der Einsiedler, – hermit

2 **steigen*** *here:* to descend; **sacht** softly, gently
3 **die Lüfte alle schlafen**[w] = die Lüfte schlafen alle (*cf. lines 4, 7, 15, 16*)
4 **der Schiffer, –** sailor, seaman; **nur noch** only, just

7 **gehen*** *here:* to go by

10 **wunderbar** wondrously
11 **bei** *here:* in the midst of; **das Waldesrauschen** murmuring of the
forest
12 **gegessen [hatte]**[u]

16 **aus-ruhen** to rest, recuperate
17 **ew[i]ge**[v]; **das Morgenrot** sunrise, dawn
18 **durchfunkeln** to lighten, glisten through

A4 **sich sehnen nach** to long for
A5 **der Jüngste Tag** Day of Judgment

B1 **tätig** active

Joseph von Eichendorff

(1788–1857)

DER EINSIEDLER

Komm, Trost der Welt, du stille Nacht!
Wie steigst du von den Bergen sacht,
Die Lüfte alle schlafen,
Ein Schiffer nur noch, wandermüd,
5   Singt übers Meer sein Abendlied
Zu Gottes Lob im Hafen.

Die Jahre wie die Wolken gehn
Und lassen mich hier einsam stehn,
Die Welt hat mich vergessen;
10   Da tratst du wunderbar zu mir,
Wenn ich beim Waldesrauschen hier
Gedankenvoll gesessen.

O Trost der Welt, du stille Nacht!
Der Tag hat mich so müd gemacht,
15   Das weite Meer schon dunkelt,
Laß ausruhn mich von Lust und Not,
Bis daß das ewge Morgenrot
Den stillen Wald durchfunkelt.

Fragen

A.

1. Welche Tageszeit finden wir in der ersten Strophe?
2. Wen oder was meint der Dichter mit „du" in der zehnten Zeile?
3. Welche Stelle im Gedicht zeigt uns besonders klar, daß der Sprecher ein Einsiedler ist?
4. Wonach sehnt sich der Einsiedler?
5. Welches Bild benutzt der Dichter für den Jüngsten Tag?

B.

1. Woher wissen wir, daß der Dichter nicht nur das einsame Leben, sondern auch das tätige loben will?

61

JOSEPH VON EICHENDORFF

B3 betont *here:* markedly

B5 die Kirchenliedstrophe, –n hymn strophe; **der Schweifreim, ‑e** sweeping rhyme[n]

zerbrechen* to break (apart)

1 **der Grund, ⁚e** *here:* valley
2 **gehen*** *here:* to turn; **das Mühl[en]rad, ⁚er^v** millwheel
3 **mein[e]^v Liebste** my beloved, sweetheart

5 **die Treu[e]** faithfulness, faith, troth

8 **entzwei-springen*** to break apart (in two)

9 **der Spielmann, Spielleute** minstrel
10 **in . . . hinaus** out into

14 **die blut[i]ge^v Schlacht, –en** bloody battle

17 **hör ich** whenever I hear

20 **wärs = wäre es^v**

2. Wofür, meinen Sie, könnte das Wort „Nacht" symbolisch stehen?
3. Welche Elemente im Gedicht sind betont religiös?
4. Welche Stellen im Gedicht erinnern stark an Goethes „Wandrers Nachtlied II"? Kann man das ganze Gedicht mit Goethes vergleichen?
5. Warum benutzt Eichendorff hier eine Kirchenliedstrophe (sechszeilig mit Schweifreim: *aabccb*)? Was können Sie noch über die Form des Gedichtes sagen?

DAS ZERBROCHENE RINGLEIN

In einem kühlen Grunde,
Da geht ein Mühlenrad;
Mein Liebste ist verschwunden,
Die dort gewohnet hat.

5 Sie hat mir Treu versprochen
Gab mir ein'n Ring dabei,
Sie hat die Treu gebrochen,
Mein Ringlein sprang entzwei.

Ich möcht als Spielmann reisen
10 Weit in die Welt hinaus,
Und singen meine Weisen,
Und gehn von Haus zu Haus.

Ich möcht als Reiter fliegen
Wohl in die blutge Schlacht,
15 Um stille Feuer liegen
Im Feld bei dunkler Nacht.

Hör ich das Mühlrad gehen:
Ich weiß nicht, was ich will—
Ich möcht am liebsten sterben,
20 Da wärs auf einmal still.

JOSEPH VON EICHENDORFF

A4 **der Wunschtraum, ⸚e** daydream

B2 **akustisch (visuell) sein**   to appeal to the sense of hearing (sight)
B3 **ungerade** odd; **gerade** even

B4 **die Reimfolge**[n]   rhyme scheme
    Volkslied[s]**; mundartlich** dialectal

B5 **abenteuerlich** adventurous

JOSEPH VON EICHENDORFF

Fragen

A.

1. Wo hat die Liebste gewohnt? *Bei dem mühlenrad*

2. Was hat sie dem Mann versprochen und was hat sie ihm gegeben? *Sie hat Treu versprochen zu sein und sie hat ihm ein Ringlein gegeben*

3. Zu welcher Zeit sprang das Ringlein entzwei? *dann sie hat ihre Treu gebrochen,*

4. Welche Wunschträume hat der Mann?

5. Wann wäre das Mühlrad still?

B.

1. Was könnte das Mühlrad, das sich dreht, symbolisieren?

2. Ist das Gedicht akustisch? visuell? Begründen Sie Ihre Antwort!

3. Das Metrum in diesem Gedicht ist regelmäßig: die ungeraden
Zeilen sind jambisch und haben drei Hebungen und weiblichen
Reim. Wie sind die geraden Zeilen?

4. Die Volksliedstrophe des 19. Jahrhunderts hat meistens die Reimfolge *abab*, wie diese Strophe. Die alten Volkslieder hatten auch
oft mundartliche oder einfach unreine Reime. Wie steht es hier?

5. Durch welche grammatische Form wird uns klar, daß der Mann
aus seiner Welt in eine abenteuerliche Welt fliehen will, aber es
nicht kann?

1 **an-schauen** to contemplate
2 **anheim-geben*** to dedicate
3 **taugen** to be good for
4 **vor dem Tode beben** to tremble at the thought of death

6 **währen** to last
7 **der Tor, –en, –en** fool; **ein Tor nur**^{w} = **nur ein Tor**
8 **der Trieb, –e** urge, drive
9 **der Pfeil, –e** arrow; **je** ever

11 **versiechen** to pine away, sicken (and die), *here also:* to dry up
[= **versiegen**]
12 **der Hauch** breath, breeze; **entsaugen o o** to suck from; **das Gift, –e**
poison

A2 **unerreichbar** unattainable
A3 **auf-fassen** to interpret
A4 **Amor** Cupid

A5 **an-deuten** to suggest; **zweierlei** two different things; **inwiefern** to
what extent

B1 **die Sage, –n** legend; **hervor-gehen* aus** to follow from; **die Lehre,
–n** precept, moral

August von Platen

(1796–1835)

TRISTAN

Wer die Schönheit angeschaut mit Augen,
Ist dem Tode schon anheimgegeben,
Wird für keinen Dienst auf Erden taugen,
Und doch wird er vor dem Tode beben,
5   Wer die Schönheit angeschaut mit Augen!

Ewig währt für ihn der Schmerz der Liebe,
Denn ein Tor nur kann auf Erden hoffen,
Zu genügen einem solchen Triebe:
Wen der Pfeil des Schönen je getroffen,
10   Ewig währt für ihn der Schmerz der Liebe!

Ach, er möchte wie ein Quell versiechen,
Jedem Hauch der Luft ein Gift entsaugen
Und den Tod aus jeder Blume riechen:
Wer die Schönheit angeschaut mit Augen,
15   Ach, er möchte wie ein Quell versiechen!

Fragen

A.

1. Wird der, der die Schönheit erkannt hat, ohne Furcht sterben?
Begründen Sie Ihre Antwort!
2. Wie empfindet er die unerreichbare Liebe?
3. Wie sollen wir die letzten zwei Zeilen der zweiten Strophe auf-
fassen, wenn wir den „Pfeil des Schönen" als den „Anblick der
Schönheit" verstehen?
4. Was bedeutet die Strophe, wenn hier auch auf Amors Pfeil hingewiesen wird?
5. Das Wort „versiechen" deutet zweierlei an: sowohl „wie Wasser
abfließen" wie auch „krank werden". Inwiefern muß man beide
Bedeutungen zugleich annehmen, wenn man das Gedicht liest?

B.

1. Aus der Tristansage geht die Lehre hervor: Liebe ohne Leid
kann es nicht geben. Warum ist „Tristan" ein passender Titel
für dieses Gedicht?

AUGUST VON PLATEN

B2 die Wandlung, –en change; **die Einstellung, –en** attitude; **sich verlieben** to fall in love

B5 die Schwere weight, intensity; **recht = ziemlich.**

2. Was ist die Wandlung der Einstellung des Menschen zum Tod,
   nachdem er das Schöne gesehen und sich verliebt hat, von der
   ersten Strophe über die zweite zur letzten?
3. Wo finden wir Assonanz?
4. Was wird in diesem Gedicht wiederholt? Was ist die Funktion der
   Wiederholung?
5. Die Schwere der Hebungen in diesen fünfhebigen Trochäen ist
   recht verschieden. Wo sind die stärkeren, wo sind die schwä-
   cheren Hebungen?

1 **Frankreich** France
2 **Rußland** Russia
3 **kamen . . . Quartier**[w] **= ins deutsche Quartier kamen** (*cf. lines 4, 26, 27, 31, 34*); **das Quartier, –e** territory
4 **hangen = hängen**

5 **die Märe**[x] **–n** tale
6 **verlorengegangen [war]; verloren-gehen*** to be lost
7 **besiegen** to defeat; **zerschlagen*** to defeat completely, destroy; **das Heer, –e** army

10 **ob = über; kläglich** piteous; **die Kunde** news
11 **wie weh wird mir** what anguish seizes me!

13 **das Lied ist aus** that's the end of it

15 **das Weib = die Frau**
16 **verderben a o (i)** to perish

17 **scheren** to concern
18 **tragen*** *here:* to have; **weit beßres** (*lit.*) far better, more pressing; **das Verlangen** desire
19 **betteln** to beg

21 **gewähren** to grant; **der Bruder,** ⁞ *here:* friend, comrade

23 **mit-nehmen*** to take along; **die Leiche, –n** corpse
24 **begraben u a (ä)** to bury

25 **das Ehrenkreuz** cross of the French Legion of Honor; **das Band,** ⁞**er** band, ribbon

27 **die Flinte, –n** musket
28 **um-gürten** to belt on; **der Degen, –** sword

Heinrich Heine

(1797–1856)

DIE GRENADIERE

Nach Frankreich zogen zwei Grenadier',
die waren in Rußland gefangen.
Und als sie kamen ins deutsche Quartier,
sie ließen die Köpfe hangen.

5   Da hörten sie beide die traurige Mär,
daß Frankreich verlorengegangen,
besiegt und zerschlagen das große Heer,
und der Kaiser, der Kaiser gefangen!

Da weinten zusammen die Grenadier'
10   wohl ob der kläglichen Kunde.
Der eine sprach: „Wie weh wird mir,
wie brennt meine alte Wunde!"

Der andre sprach: „Das Lied ist aus.
Auch ich möcht' mit dir sterben.
15   Doch hab' ich Weib und Kind zu Haus,
die ohne mich verderben."

„Was schert mich Weib, was schert mich Kind?
Ich trage weit beßres Verlangen.
Laß sie betteln gehn, wenn sie hungrig sind,—
20   mein Kaiser, mein Kaiser, gefangen!

Gewähr mir, Bruder, eine Bitt':
wenn ich jetzt sterben werde,
so nimm meine Leiche nach Frankreich mit,
begrab mich in Frankreichs Erde!

25   Das Ehrenkreuz am roten Band
sollst du aufs Herz mir legen;
die Flinte gib mir in die Hand
und gürt mir um den Degen!

30 **die Schildwach[e], –n**   sentinel, sentry
31 **einst**   *here:* some day; **das Kanonengebrüll**   roar of cannon
32 **wiehern**   to neigh; **das Roß, –sse**   horse; **das Getrabe**   trotting

34 **viel[e]ᵛ; klirren**   to clash
35 **gewaffnet**   armed

A1 *Napoleon 1 of France, reigned from 1804 to 1814; his invasion of Russia ended in disaster in 1812, and he was completely defeated by an alliance of the European powers at Waterloo in 1815.*

A3 **ohne weiteres**   without further ado

A5 **auferstehen***   to rise from the dead

B1 **es liegt uns**   we care for (regard) it; **heutzutage**   nowadays; **schaden** to harm, detract from

B2 **der Herrscher, –**   ruler; **die Heimatliebe**   patriotism; **feiern**   to celebrate

B4 **das Hauptwort, ¨er**   noun; **umgekehrt**   vice versa

So will ich liegen, und horchen still,
wie eine Schildwach, im Grabe,
bis einst ich höre Kanonengebrüll
und wiehernder Rosse Getrabe.

Dann reitet mein Kaiser wohl über mein Grab,
viel Schwerter klirren und blitzen.
Dann steig' ich gewaffnet hervor aus dem Grab,
den Kaiser, den Kaiser zu schützen!"

30

35

Fragen

A.

1. Warum waren zwei von Napoleons Grenadieren in Rußland geblieben?
2. Was machte sie so traurig?
3. Warum möchte der zweite Grenadier nicht ohne weiteres sterben?
4. Worum bittet ihn der erste Grenadier?
5. Wann will er auferstehen?

B.

1. Uns liegt heutzutage das Heroisch-Patriotische meist nicht besonders. Schadet diese Tatsache der Wirkung des Gedichts?
2. Denken Sie, daß das Gedicht einen Herrscher oder die Idee der Treue, der Heimatliebe oder den Glauben an eine bessere Zukunft feiert?
3. Sprechen Sie über die erzählenden und dramatischen Aspekte dieser Ballade!
4. Machen Sie eine Liste der in dieser Ballade vorkommenden Hauptwörter und teilen Sie diese in abstrakte und konkrete ein. Prüfen Sie dann, ob Heine das Abstrakte durch das Konkrete ausdrückt oder umgekehrt.
5. Würden Sie das Metrum dieser Volksliedstrophen regelmäßig oder unregelmäßig nennen? Beschreiben Sie das Metrum näher!

HEINRICH HEINE

2 **kahl**   bare, barren
3 **ihn schläfert**   it is sleepy
4 **umhüllen**   to wrap

6 **das Morgenland**   Orient, Holy Land
7 **trauern**   to mourn
8 **die Felsenwand, ⁻e**   rocky cliff

A2 **bedecken**   to cover

A4 **das Klima**   climate

B2 **es hat etwas zu bedeuten**   it means something
B3 **belehrend**   didactic

B4 **das Stimmungsbild, ⁻er**   poem intended to produce a certain state of mind in the reader

EIN FICHTENBAUM STEHT EINSAM

Ein Fichtenbaum steht einsam
Im Norden auf kahler Höh.
Ihn schläfert; mit weißer Decke
Umhüllen ihn Eis und Schnee.

5   Er träumt von einer Palme,
Die fern im Morgenland
Einsam und schweigend trauert
Auf brennender Felsenwand.

Fragen

A.

1. Wo steht die Fichte und wo die Palme?
2. Womit ist die Fichte bedeckt?
3. Was macht sie?
4. Wie ist das Klima in den Ländern, wo die Fichte und die Palme steht?
5. Welchen Zustand haben die Fichte und die Palme gemeinsam?

B.

1. Wie hilft uns die Tatsache, daß Heine das Wort „Fichtenbaum" statt „Fichte" gebraucht, die symbolische Bedeutung der Bäume zu verstehen?
2. Was hat es zu bedeuten, daß beide Bäume einsam stehen?
3. Ist die Wirkung des Gedichtes belehrend, musikalisch, oder keines von beiden? Begründen Sie Ihre Antwort!
4. Ist das Gedicht eine Illustration bestimmter Gedanken, ein Stimmungsbild oder keines von beiden?
5. Wir sehen hier eine Volksliedstrophe mit dem Reimschema *xaxa* (*x* = ungereimte Zeile oder Waise). Welche Zeilen enden männlich und welche weiblich?

75

HEINRICH HEINE

2 **schwül** sultry
3 **dunkeln** to grow dark; **mich schläfert** I feel sleepy

5 **sich erheben*** to rise
6 **die Nachtigall, –en** nightingale
7 **lauter** nothing but

A1 **erleben** to experience

B1 **der Gegensatz, ̈e** contrast
B2 **willkommen heißen*** to bid welcome

DER TOD, DAS IST DIE KÜHLE NACHT

Der Tod, das ist die kühle Nacht,
Das Leben ist der schwüle Tag.
Es dunkelt schon, mich schläfert,
Der Tag hat mich müd' gemacht.

5   Über mein Bett erhebt sich ein Baum,
Drin singt die junge Nachtigall;
Sie singt von lauter Liebe,
Ich hör' es sogar im Traum.

Fragen

A.
1. Wie erlebt der Dichter den Tod? das Leben?
2. Was hat ihn müde gemacht?
3. Wo singt die Nachtigall?
4. Wovon singt sie?
5. Wann hört es der Dichter?

B.
1. Welche Gegensätze kommen in dem Gedicht vor?
2. Indem der Dichter den Tod als kühle Nacht und das Leben als schwülen Tag bezeichnet, scheint er den Tod willkommen zu heißen. Durch welche Zeile wird dies noch einmal betont?
3. Wie paßt das Bild der Nachtigall, die von Liebe singt, dazu?
4. Vergleichen Sie dieses Gedicht mit Eichendorffs „Der Einsiedler"!
5. Würden Sie diese vierzeiligen Strophen als Volksliedstrophen bezeichnen? Begründen Sie Ihre Antwort!

EDUARD MÖRIKE

das Mägdlein, – girl

1 wann = wenn[x]; krähen[v] to crow

4 zünden to light

5 der Flammen Schein = der Schein der Flammen
6 der Funke, –ns, –n spark
7 drein-schauen to gaze into it
8 versinken* to engulf

9 kommen* *here:* to occur

13 dann stürzet = stürzt[v] dann[w]
14 hernieder-stürzen to stream down
15 heran-kommen* to approach
16 ging = ginge[v]

Eduard Mörike

(1804–1875)

DAS VERLASSENE MÄGDLEIN

Früh, wann die Hähne krähn,
Eh die Sternlein verschwinden,
Muß ich am Herde stehn,
Muß Feuer zünden.

5   Schön ist der Flammen Schein,
Es springen die Funken;
Ich schaue so drein,
In Leid versunken.

    Plötzlich, da kommt es mir,
10   Treuloser Knabe,
Daß ich die Nacht von dir
Geträumet habe.

    Träne auf Träne dann
Stürzet hernieder;
15   So kommt der Tag heran—
O ging er wieder!

Fragen

A.

1. Durch welche Stellen im Gedicht können wir die genaue Tageszeit bestimmen?
2. Aus welchem Wort sehen wir gleich in der ersten Strophe, daß das Mädchen in Dienst steht?
3. Warum ist das Mädchen in Leid versunken?
4. Von wem hat sie geträumt?
5. Warum wünscht sie, daß der Tag wieder gehe?

B.

1. In der zweiten Strophe „springen die Funken" vom Feuer, das das Mädchen gezündet hat. Welche anderen „Funken" sind dabei im Herzen des Mädchens aufgesprungen und an welches andere Feuer könnten wir denken?

79

EDUARD MÖRIKE

B2 **seelisch** emotional; **die Verfassung, –en** state of mind; **schließen lassen auf** to allow one to deduce

B5 **Rollengedicht**[P]

der Feuerreiter *fire rider* (*legendary figure who by occult power could contain a fire by riding around it in circles*)

3 **geheuer** all right; **nicht — muß es sein** strange things must be going on
4 **auf und nieder-gehen*** to pace back and forth
5 **das Gewühl** tumult

7 **gellen** to sound loud and shrill

8 **hinterm = hinter dem**

10 **die Mühle, –n** mill

11 **sprengen** to gallop; **wütend** frenzied; **schier** almost

13 **rippendürr** emaciated
14 **als = wie**[x]; **die Feuerleiter, –n** fire ladder
15 **querfeldein** across the fields; **der Qualm** thick smoke; **die Schwüle** sweltering heat
16 **der Ort, –e** *here:* destination
17 **fort und fort** continuously

2. In der letzten Strophe fließen die Tränen nicht nur, sie „stürzen hernieder". Auf was für eine seelische Verfassung läßt das schließen?

3. Das Metrum der ersten Strophe kann man mit dem folgenden Bild zeigen:

$$\begin{array}{c} \acute{x}\ x\ \acute{x}\ x\ x\ \grave{x} \\ \acute{x}\ x\ \acute{x}\ x\ x\ x\ x \\ \acute{x}\ x\ \acute{x}\ x\ x\ \grave{x} \\ \acute{x}\ x\ \ x\ \acute{x}\ x \end{array}$$

Können Sie ein Bild der nächsten drei Strophen machen?

4. Wo kommt Alliteration vor? Verbindet diese Alliteration wichtige Wörter, oder ist ihre Wirkung vor allem musikalisch?

5. Gedichte dieser Art nennt man Rollengedichte. Warum? Wer spricht zu wem?

DER FEUERREITER

   Sehet ihr am Fensterlein
Dort die rote Mütze wieder?
Nicht geheuer muß es sein,
Denn er geht schon auf und nieder.
5 Und auf einmal welch Gewühle
Bei der Brücke, nach dem Feld!
Horch! das Feuerglöckchen gellt:
    Hinterm Berg,
    Hinterm Berg
10 Brennt es in der Mühle!

    Schaut! da sprengt er wütend schier
Durch das Tor, der Feuerreiter,
Auf dem rippendürren Tier,
Als auf einer Feuerleiter!
15 Querfeldein! Durch Qualm und Schwüle
Rennt er schon und ist am Ort!
Drüben schallt es fort und fort:
    Hinterm Berg,
    Hinterm Berg
20 Brennt es in der Mühle!

EDUARD MÖRIKE

21 **der rote Hahn**   fire
22 **meilenweit**   from miles away; **gerochen [hat]**
23 **mit . . . Span = mit einem Span des heiligen Kreuzes; das Kreuz, –e**
   cross; **der Span, –̈e**   splinter
24 **freventlich**   sacrilegious; **die Glut**   fire, flame; **besprechen***   *here:*
   to speak a charm over
25 **grinsen**   to grin, leer; **das Dachgestühl**   framework of roof, rafters
26 **der Feind, –e**   enemy, *here also:* devil; **der Höllenschein, –e**   hellish
   light
27 **gnaden**   to have mercy on; **der Seele dein = deiner Seele**ᵛʷ

30 **rasen**   to rave, rage

31 **an-halten***   to last
32 **borst = barst**ᵛ; **bersten a o (i)**   to burst, crack; **die Trümmer**   ruins
33 **keck**   audacious

36 **heim-kehren**   to return home; **der Graus**   horror
37 **aus-klingen a u**   to cease ringing

41 **nach der Zeit**   afterwards; **der Müller, –**   miller
42 **das Gerippe, –**   skeleton; **samt**   together with; **Mützen** (*arch.*) =
   Mütze
43 **aufrecht**   upright
44 **beinern = beinernen**ᵛ   bony, consisting of nothing but bones
45 **wie . . . du = wie reitest du so kühl[e]**

47 **husch**   all at once (it's gone); **ab-fallen***   to collapse

Der so oft den roten Hahn
Meilenweit von fern gerochen,
Mit des heil'gen Kreuzes Span
Freventlich die Glut besprochen—
25 Weh! dir grinst vom Dachgestühle
Dort der Feind im Höllenschein.
Gnade Gott der Seele dein!
   Hinterm Berg,
   Hinterm Berg
30 Rast er in der Mühle!

   Keine Stunde hielt es an,
Bis die Mühle borst in Trümmer;
Doch den kecken Reitersmann
Sah man von der Stunde nimmer.
35 Volk und Wagen im Gewühle
Kehren heim von all dem Graus;
Auch das Glöcklein klinget aus:
   Hinterm Berg,
   Hinterm Berg
40 Brennt's!

   Nach der Zeit ein Müller fand
Ein Gerippe samt der Mützen
Aufrecht an der Kellerwand
Auf der beinern Mähre sitzen:
45 Feuerreiter, wie so kühle
Reitest du in deinem Grab!
Husch! da fällt's in Asche ab.
   Ruhe wohl,
   Ruhe wohl
50 Drunten in der Mühle!

Fragen

A.
1. Warum läutet die Feuerglocke?
2. Beschreiben Sie das Pferd des Feuerreiters!

EDUARD MÖRIKE

A3 **an-sprechen*** to address

B1 **das Gespenst, –er** ghost, spirit

B4 **der Kehrreim, –e^c** refrain; **die Ausnahme, –n** exception

3. Wen spricht der Dichter in der dritten Strophe in der „du"-Form an?
4. Was geschah mit der Mühle?
5. Beschreiben Sie den Feuerreiter, wie ihn ein Müller fand!

B.
1. Wer alarmiert die Menschen bei Feuergefahr? Ein Mensch? Ein Gespenst? Begründen Sie Ihre Antwort!
2. In der dritten Strophe heißt es, der Feuerreiter habe „mit des heil'gen Kreuzes Span freventlich die Glut besprochen." Warum erscheint danach der „Feind im Höllenschein", der Teufel?
3. Wodurch zeigt der Dichter die Hast des Feuerreiters?
4. In den Strophen finden wir die Reimfolge *ababcddeec*. Die Reime *ee* nennen wir den Kehrreim. Welche Strophe ist eine Ausnahme und was ist die Wirkung davon?
5. Wofür könnte das Feuer in diesem Gedicht symbolisch stehen?

CONRAD FERDINAND MEYER

römisch   Roman

1 **auf-steigen*** to rise; **aufsteigt der Strahl^w = der Strahl steigt auf**
2 **die Marmorschale, –n** marble basin; **das Rund, –e** circle
3 **(sich) verschleiern** to veil (itself)

5 **reich** *here:* full
6 **wallen** to well, move in waves; **die Flut, –en** flood, *i.e.,* (excess of) water
7 **zugleich** at once, together
8 **strömen** to flow

A1 **sich handeln um** to be a question of, have to do with

A3 **ab-hängen* von** to depend on

B4 **das Druckbild** makeup, way something is printed

Conrad Ferdinand Meyer

(1825–1898)

DER RÖMISCHE BRUNNEN

Aufsteigt der Strahl und fallend gießt
Er voll der Marmorschale Rund,
Die, sich verschleiernd, überfließt
In einer zweiten Schale Grund;
5   Die zweite gibt, sie wird zu reich,
Der dritten wallend ihre Flut,
Und jede nimmt und gibt zugleich
Und strömt und ruht.

Fragen

A.

1. Um was für einen Strahl handelt es sich hier?
2. Wie stellen Sie sich vor, daß die Marmorschale verschleiert wird?
3. Der Genitiv steht in Gedichten recht oft vor dem Wort, von dem er abhängt. Wo kommt das hier vor?
4. Warum fließt das Wasser aus der zweiten Schale in die dritte?
5. Welche Ausdrücke benutzt der Dichter für die Bewegung des Wassers?

B.

1. Das Gedicht endet mit der Antithese „strömt und ruht". Wo kommt der Begriff „strömen" im Gedicht sonst vor?
2. Welche anderen Antithesen finden wir in dem Gedicht?
3. Wird der Brunnen von oben nach unten oder von unten nach oben beschrieben?
4. Welche Zeile wird sowohl im Metrum als auch im Druckbild hervorgehoben?
5. Will der Dichter hier nur einen Brunnen beschreiben? Begründen Sie Ihre Antwort!

vereinsamt   isolated, lonely

1 **die Krähe, –n**   crow; **schreien**   *here:* to caw
2 **schwirr** (= **wirr**   confused *and* **schwirren**   to make a whirring sound, flit about); **schwirren Flugs** (*gen.*)   with a whirring, erratic haste in their flight
3 **schnei[e]n**   to snow
4 **wohl dem**   he is fortunate
5 **starr**   stiffly, rigidly

7 **was** = **warum; der Narr, –en, –en**   fool
8 **vor Winters** = **vor dem Winter; entfliehen***   to flee, escape

10 **die Wüste, –n**   desert, wasteland

12 **halt-machen**   to stand firm, stop; **nirgends** = **nirgendwo**

14 **die Wanderschaft**   wanderings; **verfluchen**   to damn

16 **stets** = **immer**

17 **schnarren**   to utter a harsh sound, caw, croak
18 **der Wüstenvogelton, ⁻e**   sound (or manner) of desert birds

20 **Dein blutend[es]ᵛ Herz**   *here also:* your pity; **der Hohn**   scorn, derision

24 **weh dem**   he is to be pitied, woe unto him

Friedrich Nietzsche

(1844–1900)

VEREINSAMT

Die Krähen schrein
Und ziehen schwirren Flugs zur Stadt:
Bald wird es schnein—
Wohl dem, der jetzt noch Heimat hat!

5   Nun stehst du starr,
Schaust rückwärts, ach, wie lange schon!
Was bist du, Narr,
Vor Winters in die Welt entflohn?

Die Welt—ein Tor
10   Zu tausend Wüsten stumm und kalt!
Wer das verlor,
Was du verlorst, macht nirgends halt.

Nun stehst du bleich,
Zur Winter-Wanderschaft verflucht,
15   Dem Rauche gleich,
Der stets nach kältern Himmeln sucht.

Flieg, Vogel, schnarr
Dein Lied im Wüstenvogelton!—
Versteck, du Narr,
20   Dein blutend Herz in Eis und Hohn!

Die Krähen schrein
Und ziehen schwirren Flugs zur Stadt:
—bald wird es schnein,
Weh dem, der keine Heimat hat!

Fragen

A.

1. Welche Verbindung kann man zwischen der zweiten und der
   letzten Zeile der ersten Strophe sehen?

89

FRIEDRICH NIETZSCHE

A4 **sich sehnen nach** to long for
A5 **reagieren auf** to react to

B1 **der Mitmensch, –en** fellow human

B3 **annähernd** approximate

B4 **beißend** biting, sarcastic

B5 **erbarmen** to take pity; **D e r** that one (*emphasis indicated by spacing out letters—so also* **d e i n** *and* **d i r** *below*); **sich zurück-sehnen** to want to be back; **das Warm = die Wärme; dumpf** stifling; **das Stuben-Glück (die Stube, –n** parlor) narrow complacency, bourgeois happiness; **hemmen** to hinder, cause to hesitate; **das Mitleid** sympathy, pity; **der Quer-Verstand** mixed-up understanding; **trauen** to trust; **eher** rather; **bloß-legen** to lay one's feelings bare

2. Was bedeutet für den Dichter die Welt, in die er gegangen ist, statt nach Hause zu gehen?
3. Was verlor der Dichter (= du)?
4. Sehnt sich der Dichter nach der Heimat?
5. Wie reagiert er auf sein eigenes Gefühl?

B.

1. Meint Nietzsche hier mit „Heimat" Kontakt mit seinen Mitmenschen oder etwas ganz Anderes?
2. Welche Bilder zeigen besonders stark seine unangenehme Situation?
3. Welche Strophen sind einander fast gleich, und was ist die Funktion dieser annähernden Gleichheit?
4. Wo finden wir Alliteration? Wo wirkt sie scharf und beißend statt milde und melodisch?
5. Nietzsche schrieb eine „Antwort" auf „Vereinsamt".

> Daß Gott erbarm!
> D e r meint, ich sehnte mich zurück
> Ins deutsche Warm,
> Ins dumpfe deutsche Stuben-Glück!
>
> Mein Freund, was hier
> Mich hemmt und hält, ist d e i n Verstand.
> Mitleid mit d i r!
> Mitleid mit deutschem Quer-Verstand!

Können wir ihm trauen, oder würden Sie eher meinen, er wollte sich mit dem Gedicht „Vereinsamt" nur nicht bloßlegen? Wie begründen Sie Ihre Meinung?

steigend *here also:* maturing

1 *The word order of most of the sentences in this poem is stylized and intended to create an artificial effect,* e.g., *the position of* **dir** *in this line and in the third is unusual.*
2 **der Duft, ¨e** scent, fragrance
3 **flechten o o (i)** to braid; **flattern** to flutter
4 **der Eppich** (*poet.*) ivy; **der Ehrenpreis** veronica

5 **wehen** to wave; **die Saat** standing grain

7 **begrüßen** to greet
8 **der Glanz** splendor, luster

9 **verschweigen*** to remain silent; **verwehren** to deny, forbid
10 **geloben** to resolve
11 **bescheren** to grant, give
12 **der Rundgang, ¨e** stroll, round; **zu zwein = zu zweit** (two) together

B1 **wieso = warum**

B2 **die Erfüllung, –en** fulfillment; **der Verzicht** resignation
B3 **die Gartenlandschaft, –en** garden scene

B5 **klangvoll** sonorous

Stefan George

(1868–1933)

ES LACHT IN DEM STEIGENDEN JAHR DIR ...

Es lacht in dem steigenden jahr dir
Der duft aus dem garten noch leis
Flicht in dem flatternden haar dir
Eppich und ehrenpreis.

5 Die wehende saat ist wie gold noch ·
Vielleicht nicht so hoch mehr und reich ·
Rosen begrüssen dich hold noch ·
Ward auch ihr glanz etwas bleich.

Verschweigen wir was uns verwehrt ist ·
10 Geloben wir glücklich zu sein ·
Wenn auch nicht mehr uns beschert ist
Als noch ein rundgang zu zwein.

Fragen

A.

1. Woher kommt der Duft?
2. Wie ist die Saat?
3. Warum kann der Dichter sagen, daß der Glanz der Rosen bleich ist?
4. Was wollen die zwei Menschen verschweigen?
5. Was wollen die zwei Menschen geloben?

B.

1. Wieso kann der Dichter den Herbst als „steigende" Jahreszeit bezeichnen? Welche Jahreszeit ist wohl für ihn die wichtigste? Welche betrachten wir gewöhnlich als „steigende"?
2. Wo finden wir Erfüllung, wo Verzicht in dem Gedicht?
3. In den ersten zwei Strophen wird eine Gartenlandschaft im Herbst beschrieben. Wie paßt der Inhalt der dritten Strophe zu den zwei ersten?
4. Der Dichter gebraucht Daktylen, die oft etwas Feierliches haben. Warum paßt das zum Inhalt?
5. In den ungeraden Zeilen haben wir einen besonders klangvollen, weiblichen Reim. Wie ist das Gedicht auch sonst noch melodisch?

die Insel, –n *or* das Eiland   island

1 überliefern   to recount the legend
2 an   *here:* in; der Zimt   cinnamon
3 glitzern   to sparkle
4 wenn am Boden fußend   when it stood with its feet on the ground
5 der Schnabel, $\div$ beak; der Stamm $\div$e   tree (trunk); hoher Stämme Krone[w]
6 zerpflücken   to pick apart, *here also:* to eat; der Flügel, –   wing
7 färben   to dye, color; die Tyrer-schnecke, –n   Tyrian snail (*formerly used to make precious royal purple dye*)
8 nieder = niedrig; erhoben [hatte][u]
9 gleichgeseh[e]n[v]; gleich-sehen*   to resemble
10 das Gehölz   forest
11 der Strand, –e   beach
12 der Windeshauch   breeze; der Tang   seaweed
13 der Delfin, –e   dolphin

15 die Feder, –n   *here:* scales; der Funke, –ns, –n   spark, flash
16 der Urbeginn   beginning of time
17 der Gescheiterte, –n   castaway; erblicken   to catch sight of
18 das Segel, –   sail
19 günstig   favorable; das Geleit   accompaniment, *here:* wind
20 sich zu-drehen   to turn toward, approach; zugedreht [hatten][u]
21 teuer   *here:* dear, beloved; die Stätte, –n   site, place; beschauen   to look at, observe
22 verbreiten   to spread; die Schwinge, –n (*poet.*)   wing
23 verscheiden*   to pass away *here:* to expire; dämpfen   to subdue, muffle; der Schmerzeslaut, –e   cry of grief

A3 verbringen*   to spend

DER HERR DER INSEL

Die fischer überliefern daß im süden
Auf einer insel reich an zimmt und öl
Und edlen steinen die im sande glitzern
Ein vogel war der wenn am boden fussend
5   Mit seinem schnabel hoher stämme krone
Zerpflücken konnte · wenn er seine flügel
Gefärbt wie mit dem saft der Tyrer-schnecke
Zu schwerem niedrem flug erhoben · habe
Er einer dunklen wolke gleichgesehn.
10   Des tages sei er im gehölz verschwunden ·
Des abends aber an den strand gekommen ·
Im kühlen windeshauch von salz und tang
Die süsse stimme hebend dass delfine
Die freunde des gesanges näher schwammen
15   Im meer voll goldner federn goldner funken.
So habe er seit urbeginn gelebt ·
Gescheiterte nur hätten ihn erblickt.
Denn als zum erstenmal die weissen segel
Der menschen sich mit günstigem geleit
20   Dem eiland zugedreht sei er zum hügel
Die ganze teure stätte zu beschaun gestiegen ·
Verbreitet habe er die grossen schwingen
Verscheidend in gedämpften schmerzeslauten.

Fragen

A.
1. Was fand man auf der Insel?
2. Woher wissen wir, daß es ein sehr großer Vogel war?
3. Wo verbrachte der Vogel den Tag und wo verbrachte er den Abend?
4. Was wissen wir von seinem Singen?
5. Wann starb er?

B.
1. Denkt man beim Lesen des Gedichtes an eine wirkliche Insel? Begründen Sie Ihre Antwort!

STEFAN GEORGE

B2 notwendig   necessary

B3 die Vorliebe   preference; **die Kostbarkeit, –en**   precious thing

B4 zauberisch   magical

2. Was bedeutet wohl das Bild des Vogels: die Kunst, die in der
   praktischen, materialistischen Welt sterben muß oder die not-
   wendige Einsamkeit des Künstlers oder etwas ganz Anderes?
3. Welche Bilder zeigen uns die Vorliebe des Dichters für Kost-
   barkeiten und reiche Farben?
4. Warum stellt der Dichter uns wohl den Vogel als zauberischen
   Sänger dar?
5. Wo benutzt George Enjambement? Was ist die Wirkung davon
   im Blankvers des Gedichtes?

der Gaul, ⸚e   nag, horse

2 **die Köchin, –nen**   cook; **rupfen**   to pluck
3 **die Minna**   Minnie (*typical maid's name*)

5 **zu-werfen***   to slam
6 **was gibts denn**   what on earth's the matter
7 **der Morgenschuh, –e**   slipper

9 **verzeih[e]n ie ie**   to excuse
10 **der Tischler, –**   carpenter
11 **dazumaul = dazumal**   then, earlier (**das Maul, ⸚er**   snout)
12 **der Türrahmen, –**   door jamb; **der Fensterrahmen, –**   window frame.

13 **samt**   including; **der Mops, ⸚e**   pug dog

15 **einen Hops tun**   to hop

18 **schnalzen**   to smack
19 **sich ab-kehren**   to turn away

24 **unerhört**   unheard of

Christian Morgenstern

(1871–1914)

DER GAUL

Es läutet beim Professor Stein.
Die Köchin rupft die Hühner.
Die Minna geht: Wer kann das sein?—
Ein Gaul steht vor der Türe.

5   Die Minna wirft die Türe zu.
Die Köchin kommt: Was gibts denn?
Das Fräulein kommt im Morgenschuh,
Es kommt die ganze Familie.

„Ich bin, verzeihn Sie", spricht der Gaul,
10   „Der Gaul vom Tischler Bartels.
Ich brachte Ihnen dazumaul
die Tür—und Fensterrahmen!"

Die vierzehn Leute samt dem Mops,
sie stehn, als ob sie träumten.
15   Das kleinste Kind tut einen Hops,
die andern stehn wie Bäume.

Der Gaul, da keiner ihn versteht,
schnalzt bloß mal mit der Zunge,
dann kehrt er still sich ab und geht
20   die Treppe wieder hinunter.

Die dreizehn schaun auf ihren Herrn,
ob er nicht sprechen möchte.
„Das war", spricht der Professor Stein,
„ein unerhörtes Erlebnis!" . . .

CHRISTIAN MORGENSTERN

A2 **dazu-kommen*** to join (of people)

B2 **sich an-hören** to sound

B3 **treffend** fitting

B4 **der Unsinn** nonsense

B5 **die Spur, –en** trace; *See* **Volkslied**s

Fragen

A.

1. Wer läutet bei Professor Stein?
2. Wie reagieren die Minna, die Köchin und diejenigen, die noch dazukommen?
3. Was erzählt der Gaul von der Vergangenheit?
4. Warum geht der Gaul wieder?
5. Warum sehen alle auf den Herrn Professor?

B.

1. Worin liegt der Humor dieses Gedichtes?
2. Woher wissen wir, daß sich die Worte des Gauls in der dritten Strophe nicht so anhören, wie sie hier gedruckt sind?
3. Wirken die Worte des Professors brillant, treffend, pedantisch oder keins von diesen?
4. Gebraucht der Dichter hier Unsinn als Symbol des Lebens? Begründen Sie Ihre Antwort!
5. Die geraden Zeilen sehen aus, als ob sie reimen sollten, aber die Reime sind sehr ungenau. In der letzten Strophe fehlt jede Spur von Reim. Was für eine Wirkung hat das, da wir mit dieser Strophe eigentlich erwarten, daß sich die geraden Zeilen reimen?

HUGO VON HOFMANNSTHAL

1 **der Becher, –** cup
2 **der Rand, ⁻er** edge, rim

4 **[daß]ᵘ kein; der Tropfen, –** drop; **springen a u** *here:* to spill; *the use of* **sprang** *suggests that the cup is full*

7 **nachlässig** casual; **die Gebärde, –n** gesture
8 **erzwingen a u** to force

A2 (sich) beherrschen to control (oneself)

A5 verschütten to spill

Hugo von Hofmannsthal

(1874–1929)

DIE BEIDEN

Sie trug den Becher in der Hand
—Ihr Kinn und Mund glich seinem Rand—,
So leicht und sicher war ihr Gang,
Kein Tropfen aus dem Becher sprang.

5   So leicht und fest war seine Hand:
Er ritt auf einem jungen Pferde,
Und mit nachlässiger Gebärde
Erzwang er, daß es zitternd stand.

Jedoch, wenn er aus ihrer Hand
10   Den leichten Becher nehmen sollte,
So war es beiden allzu schwer:
Denn beide bebten sie so sehr,
Daß keine Hand die andre fand
Und dunkler Wein am Boden rollte.

Fragen

A.

1. Was bringt das Mädchen dem jungen Mann?
2. Welche Bilder zeigen uns, wie die jungen Leute sich selbst und ihre Umgebung beherrschen?
3. Beschreibt uns der Dichter die Gefühle der jungen Leute direkt oder indirekt? Begründen Sie Ihre Antwort!
4. Welche intensive Emotion verrät uns das Beben der jungen Menschen?
5. Warum wird der Wein verschüttet?

B.

1. Man könnte meinen, die Beiden begegnen sich zum ersten Mal und verlieben sich auf dem ersten Blick. Man könnte aber auch meinen, daß der junge Mann in den Krieg reitet. Oder man könnte sich eine dritte Möglichkeit vorstellen. Was meinen Sie und wie begründen Sie Ihre Meinung?

B2 **der Gegensatz, ¨e**   contrast; **beachten**   to pay attention to

B3 **geschichtlich**   historical

B5 **umklammern**   to bracket (*i.e., the* b *rhymes are "bracketed" by the* a's); **wie steht es mit**   what is the situation in

2. Welche Gegensätze kommen vor (man beachte die Wiederholung
   von Wörtern und Begriffen)? Was bedeuten diese Gegensätze?
3. Zu welcher geschichtlichen Zeit stellen Sie sich die hier beschriebene Begegnung vor?
4. Was ist in dem Gedicht wichtiger: *was* die Personen tun oder *wie*
   sie es tun? Begründen Sie Ihre Antwort!
5. Das Reimschema der zweiten Strophe ist *abba* (umklammernder
   Reim). Wie steht es mit der ersten Strophe? Mit der letzten?
   Welcher Reim kommt in allen Strophen vor?

RAINER MARIA RILKE

le Jardin des Plantes *botanical gardens (a park with zoo) in Paris*

1 **das Vorübergeh[e]n**[v] passing; **der Stab, ̈-e** bar
2 **er = der Blick; halten*** *here:* to retain
3 **ihm ist** he feels

5 **geschmeidig** yielding, soft
6 **allerkleinst** smallest possible

8 **betäuben** to stun, stupefy

9 **sich auf-schieben o o** to slide open; **der Vorhang, ̈-e** curtain

11 **der . . . Stille = die angespannte Stille der Glieder**[w]**; an-spannen** to tense; **die Stille** stillness, motionlessness

A1 **der Käfig, –e** cage

A4 **wirkungsvoll** effective

B1 **als erstes** first (of all)

B2 **das Alleinsein** aloneness; **hervor-gehen*** to result

B3 **der Einfluß, ̈-sse** influence; **der Bildhauer, –** sculptor; **eine Zeitlang** for a time

106

Rainer Maria Rilke

(1875–1926)

DER PANTHER

IM JARDIN DES PLANTES, PARIS

Sein Blick ist vom Vorübergehn der Stäbe
So müd geworden, daß er nichts mehr hält.
Ihm ist, als ob es tausend Stäbe gäbe
Und hinter tausend Stäben keine Welt.

5 Der weiche Gang geschmeidig starker Schritte,
Der sich im allerkleinsten Kreise dreht,
Ist wie ein Tanz von Kraft um eine Mitte,
In der betäubt ein großer Wille steht.

Nur manchmal schiebt der Vorhang der Pupille
10 Sich lautlos auf—. Dann geht ein Bild hinein,
Geht durch der Glieder angespannte Stille—
Und hört im Herzen auf zu sein.

Fragen

A.

1. Warum heißt es in dem Gedicht, daß die Stäbe vorübergehen, statt daß der Panther an den Stäben des Käfigs vorübergeht?
2. Womit vergleicht der Dichter den Gang des Panthers?
3. Stellen Sie sich vor, was der Dichter beschreibt. Beschreibt er alles von außen?
4. Warum scheint das Wort „lautlos" in der zehnten Zeile und das Wort „Stille" in der elften Zeile besonders wirkungsvoll zu sein?
5. Warum hört das Bild im Herzen auf zu sein?

B.

1. Wenn wir dieses Gedicht lesen, empfinden wir als erstes Mitleid mit dem Tier im Käfig. Wofür könnte der Panther symbolisch stehen?
2. Aus welchen Bildern geht ein Gefühl der Isolation, des Alleinseins hervor?
3. Als Rilke dieses Gedicht schrieb, stand er unter dem Einfluß des Bildhauers Auguste Rodin, dessen Sekretär er eine Zeitlang war.

B3 **die Bildhauerei**   sculpture

B4 **es wird ihm bewußt**   he becomes conscious of it

B5 **der Binnenreim, –e**   internal rhyme; **erhöhen**   to heighten

römisch   Roman; **die Fontäne, –n**   fountain; **Borghese**   *at the Villa Borghese, built for Cardinal Scipione Borghese in 1613*

1 **das Becken, –**   basin; **übersteigen***   to top, climb over
2 **der Marmorrand, ⁻er**   marble border
3 **ober**   upper; **dem oberen [Becken]ᵘ; leis[e]ᵛ; sich neigen**   to bend down
4 **stehen***   *here:* to lie

5 **dem . . . redenden [Wasser]ᵘ; entgegen-schweigen***   to reply with silence
6 **heimlich**   secret; **gleichsam**   as if; **hohl**   hollow; **die —e Hand**   cupped palm

9 **die Schale, –n**   basin
10 **sich verbreiten**   to spread out; **das Heimweh**   homesickness; **Kreis aus Kreis**   in concentric circles
11 **träumerisch**   dreamy; **tropfenweis[e]ᵛ**   drop by drop

12 **sich nieder-lassen***   to ease oneself down; **der Moosbehang, ⁻e**   moss curtain

14 **der Übergang, ⁻e**   overflow(ing), transition

Welche Zeilen scheinen Ihnen besonders den Einfluß der Bildhauerei zu zeigen?

4. Bleibt das, was dem Panther bewußt wird, in jeder Strophe gleich? Begründen Sie Ihre Antwort!

5. Reim und Rhythmus sind in dem Gedicht sehr regelmäßig. Neben dem Binnenreim „Stäbe gäbe", der die Monotonie erhöht, finden wir eine Unregelmäßigkeit nur in der Zahl der Hebungen in *einer* Zeile. Welche Zeile hat eine Hebung weniger, und was ist ihre Wirkung?

RÖMISCHE FONTÄNE

BORGHESE

Zwei Becken, eins das andre übersteigend
Aus einem alten runden Marmorrand,
Und aus dem oberen Wasser leis sich neigend
Zum Wasser, welches unten wartend stand,

5   Dem leise redenden entgegenschweigend
Und heimlich, gleichsam in der hohlen Hand
Ihm Himmel hinter Grün und Dunkel zeigend
Wie einen unbekannten Gegenstand;

  Sich selber ruhig in der schönen Schale
10   Verbreitend ohne Heimweh, Kreis aus Kreis,
Nur manchmal träumerisch und tropfenweis

  Sich niederlassend an den Moosbehängen
Zum letzten Spiegel, der sein Becken leis
Von unten lächeln macht mit Übergängen.

Fragen

A.

1. Beschreiben Sie mit eigenen Worten die Bewegung des Wassers aus dem oberen Becken!
2. Was für ein Geräusch machte das Wasser in dem zweiten Becken?
3. Was wurde in dem Wasser dieses Beckens gespiegelt?

B2 **die Widerspiegelung, –en** reflection

B3 **inwiefern** to what extent

B4 **die Waise, –n** orphan, *here:* unrhymed line in rhymed verse

B5 **in bezug auf** with reference to

Jardin du Luxembourg *Luxemburg Gardens (in Paris)*

2 **eine kleine Weile** for a short time; **der Bestand, ∷e** supply, collection
3 **das Land, ∷er** land, *here also:* realm
4 **eh[e]ᵛ; unter-gehen*** to disappear
5 **an-spannen** to hitch
6 **die Miene, –n** facial expression

9 **der Hirsch, –e** deer, stag; **ganz** quite, *here:* just
10 **nur daß** except that
11 **blau** *here:* dressed in blue, *and/or* blue-eyed; **auf-schnallen** to buckle on
12 **weiß** *here:* dressed in white, *and/or* white with excitement
13 **sich halten*** to hold fast
14 **dieweilˣ** while; **zeigen** *here:* to bare

4. Was meint der Dichter mit „Kreis aus Kreis" (Zeile 10)?
5. Wie floß das Wasser vom zweiten Becken in das untere?

B.

1. Welche ungewöhnlichen Ausdrücke beschreiben die Tätigkeit des Wassers?
2. Wie paßt das Bild des Wassers, das eine Widerspiegelung wie in einer hohlen Hand hält, zu der Form des Beckens, das das Wasser hält? Wo wird diese Form noch erwähnt?
3. Inwiefern kann man den Brunnen beschreiben, den der Dichter hier vor sich hatte? Versuchen Sie eine solche Beschreibung!
4. Das Sonett hat hier eine ungereimte Zeile (eine Waise). Welche? Wo finden wir Alliteration und Assonanz? Wo finden wir Enjambement?
5. Woher wissen wir, daß die Fontäne, die Rilke sah, anders war, als zu der Zeit, in der Meyer sie sah? Vergleichen Sie die zwei Gedichte in bezug auf Form, Inhalt und Intensität der Beschreibung!

DAS KARUSSELL

JARDIN DU LUXEMBOURG

Mit einem Dach und seinem Schatten dreht
Sich eine kleine Weile der Bestand
Von bunten Pferden, alle aus dem Land,
Das lange zögert, eh es untergeht.
5   Zwar manche sind an Wagen angespannt,
Doch alle haben Mut in ihren Mienen;
Ein böser roter Löwe geht mit ihnen
Und dann und wann ein weißer Elefant.

Sogar ein Hirsch ist da ganz wie im Wald,
10 Nur daß er einen Sattel trägt und drüber
Ein kleines blaues Mädchen aufgeschnallt.

Und auf dem Löwen reitet weiß ein Junge
Und hält sich mit der kleinen heißen Hand,
Dieweil der Löwe Zähne zeigt und Zunge.

111

16 **vorüber-kommen***   to pass by
17 **hell**   bright-colored *and/or* alert, sprightly; **der Pferdesprung,** ⁼e
capriole
18 **entwachsen***   to grow too old for; **der Schwung,** ⁼e   swoop, jump
19 **herüber**   toward (the speaker)

21 **hin-gehen***   to go on

24 **begonnen**   formed
25 **manch[es]mal**[v]; **her-wenden**   to direct (toward the speaker)
26 **selig**   blissful; **blenden**   to blind; **verschwenden**   to waste, cause to
disappear

A3 **der Standpunkt, –e**   viewpoint

A5 **der Leitvers, –e**   guiding verse

B1 **die Wortgruppe, –n**   phrase

B4 **der Binnenreim, –e**   internal rhyme[m]

15   Und dann und wann ein weißer Elefant.

Und auf den Pferden kommen sie vorüber,
Auch Mädchen, helle, diesem Pferdesprunge
Fast schon entwachsen; mitten in dem Schwunge
Schauen sie auf, irgendwohin, herüber—

20   Und dann und wann ein weißer Elefant.

Und das geht hin und eilt sich, daß es endet,
Und kreist und dreht sich nur und hat kein Ziel.
Ein Rot, ein Grün, ein Grau vorbeigesendet,
Ein kleines kaum begonnenes Profil.
25   Und manchesmal ein Lächeln, hergewendet,
Ein seliges, das blendet und verschwendet
An dieses atemlose blinde Spiel.

Fragen

A.
1. Was ist das Land, das lange zögert?
2. Welche Farben kommen vor?
3. Wird das Karussell von einem festen Standpunkt aus beschrieben?
4. Reiten nur kleine Kinder auf den Tieren?
5. In dem Gedicht kommt ein Vers öfters vor. Man kann so einen Vers als „Leitvers" bezeichnen. Nennen Sie ihn!

B.
1. Die Idee des Drehens des Karussells wird in dem Gedicht durch mehrere Wörter und Wortgruppen betont, so z.B. in der ersten Zeile durch das Wort „dreht". Nennen Sie andere!
2. Wo bereitet uns der Dichter auf die letzten drei Zeilen schon vor?
3. Stellt das Bild der letzten Strophe *nur* das Karussell dar? Begründen Sie Ihre Antwort!
4. In welcher Zeile oder welchen Zeilen kommt Binnenreim vor?
5. Die Verse sind regelmäßig, was gut zu dem sich drehenden Karussell paßt. Nur ein Vers ist anders. Finden Sie ihn!

die Jugendflucht flight from (of) youth

1 **senken** to sink, lower
2 **falb** pale yellow
3 **wandeln** to wander; **bestaubt** dusty
4 **die Allee, –n** avenue, tree-lined walk

5 **die Pappel, –n** poplar; **zag** faint, hesitant

7 **die Abendangst, –̈e** fear of *or* anxiety about the evening
8 **die Dämmerung, –en** dusk

12 **fürder = weiter**

A1 **unter-gehen*** to set (sun)

B4 **entwachsen*** to outgrow

B5 **die Nachstellung** post-positioning

Hermann Hesse

(1877–1962)

JUGENDFLUCHT

Der müde Sommer senkt das Haupt
Und schaut sein falbes Bild im See.
Ich wandle müde und bestaubt
Im Schatten der Allee.

5   Durch Pappeln geht ein zager Wind,
Der Himmel hinter mir ist rot,
Und vor mir Abendängste sind
—Und Dämmerung—und Tod.

Ich wandle müde und bestaubt,
10   Und hinter mir bleibt zögernd stehn
Die Jugend, neigt das schöne Haupt
Und will nicht fürder mit mir gehn.

Fragen

A.

1. Woher wissen wir, daß Hesse hier mit dem Haupt des Sommers die untergehende Sonne meint?
2. Beschreiben Sie den Sprechenden!
3. Welche Tageszeit ist es?
4. Was fühlt der Sprechende vor sich?
5. Was läßt er zurück?

B.

1. Bekommen wir in diesem Gedicht ein konkretes Bild eines wandelnden Mannes? Warum oder warum nicht?
2. Wo merkt man zuerst, daß der Sprechende eigentlich nicht sein Wandeln, sondern etwas ganz anderes beschreibt?
3. Wie erklären Sie den Titel des Gedichtes?
4. Ist der Sprechende traurig, weil er weiß, daß er der Jugendzeit entwachsen ist? Begründen Sie Ihre Antwort!
5. Warum, meinen Sie, gebraucht der Dichter starkes Enjambement und verbindet es mit ungewöhnlicher Nachstellung des Subjekts in der letzten Strophe (Zeile 11)?

1 **die Wittib** (*arch.*)   widow[x]; **gekniet [hatte]**[u]

2 **herüber-klingen*** to ring out; **der Kirchhof, ̈-e** churchyard, cemetery

3 **die Orgel, –n** organ; **droben** above; **gehen*** *here:* to play

4 **der Knabe, –n** *here:* choirboy

5 **die Gemeinde, –n** congregation; **der Greis, –e** old man; **die Braut, ̈-e** bride, fiancée

6 **die Nachtigall, –en** nightingale; **wie . . . so laut = so laut wie die Nachtigall**[w] (*this is just one example of word order reminiscent of that of old ballads,* cf. *lines 2, 4, 10, 11, 19, 21, 26, 27, 28, 29, 35*

7 **der Mesner, –** sacristan; **des Mesners Glöcklein**[w], cf. *lines 15, 16, 27, 30*

10 **Mariens = Marias** Mary's

11 **die Seligkeit** bliss, salvation

12 **schlammschwarz** black as mud; **der Wassermann** water sprite, merman; **freien** to woo, *here:* to marry

14 **die Flosse, –n** fin, web; **der Zeh, –en = die Zehe, –n** toe

15 **das Perlenkleid, –er** pearly clothes; **der Saum, ̈-e** hem

16 **nicht . . . noch = weder . . . noch**

18 **flehentlich bitten** to beseech

19 **wolle beten = bete; das Ingesind[e]** servants in (noble) household

20 **das Nixenkind, –** (*arch. pl.*) water-sprite child, mermaid

21 **der Heilige, –n** saint; **Unsere Liebe Frau** Our Lady, Mary

22 **die Au[e]**[v]**, –n** meadow

26 **die Kirchentüre, –n** church portal; **auf-tun*** to open

27 **die Kerze, –n** candle

28 **gülden** (*arch.*) golden; **die Monstranz, –en** vessel for consecrated Host

30 **strahlen** to gleam; **der Kelch, –e** chalice

Agnes Miegel

(*1879–1964*)

SCHÖNE AGNETE

Als Herrn Ulrichs Wittib in der Kirche gekniet,
Da klang vom Kirchhof herüber ein Lied.
Die Orgel droben hörte auf zu gehn,
Die Priester und die Knaben, alle blieben stehn,
5 Es horchte die Gemeinde, Greis, Kind und Braut,
Die Stimme draußen sang wie die Nachtigall so laut:

„Liebste Mutter in der Kirche, wo des Mesners Glöcklein klingt,
Liebe Mutter, hör wie draußen deine Tochter singt.
Denn ich kann ja nicht zu dir in die Kirche hinein,
10 Denn ich kann ja nicht mehr knieen vor Mariens Schrein,
Denn ich hab ja verloren die ewige Seligkeit,
Denn ich hab ja den schlammschwarzen Wassermann gefreit.

Meine Kinder spielen mit den Fischen im See,
Meine Kinder haben Flossen zwischen Finger und Zeh,
15 Keine Sonne trocknet ihrer Perlenkleidchen Saum,
Meiner Kinder Augen schließt nicht Tod noch Traum— —

Liebste Mutter, ach ich bitte dich,
Liebste Mutter, ach ich bitte dich flehentlich,
Wolle beten mit deinem Ingesind
20 Für meine grünhaarigen Nixenkind,
Wolle beten zu den Heiligen und zu Unsrer Lieben Frau
Vor jeder Kirche und vor jedem Kreuz in Feld und Au!
Liebste Mutter, ach ich bitte dich sehr,
Alle sieben Jahre einmal darf ich Arme nur hierher.

25 Sage du dem Priester nun
Er soll weit auf die Kirchentüre tun,
Daß ich sehen kann der Kerzen Glanz,
Daß ich sehen kann die güldene Monstranz,
Daß ich sagen kann meinen Kinderlein,
30 Wie so sonnengolden strahlt des Kelches Schein!"

AGNES MIEGEL

31 **an-heben*** [**hub . . . an** (*arch. form of past tense*)] to begin

32 **ward** = **wurde**[v]
33 **das Hochamt** high mass; **lang** during
34 **das Wasser, –** *here:* wave

B1 **genauso** just

B2 **die Sage, –n** legend; **an-spielen auf** to allude to

B3 **unsterblich** immortal; **erlösen** to save, redeem; **der Volksglaube,
–ns, –n** popular belief

Die Stimme schwieg.

Da hub die Orgel an,
Da ward die Türe weit aufgetan,—
Und das ganze heilige Hochamt lang
Ein weißes weißes Wasser vor der Kirchentüre sprang.

Fragen

A.

1. Woher kam das Lied, das die Witwe des Herrn Ulrich in der Kirche hörte?
2. Wer hörte außer der Witwe dem Lied zu?
3. Warum hat die Tochter die ewige Seligkeit verloren?
4. Um was bittet sie die Mutter?
5. Wie erklären Sie das weiße Wasser?

B.

1. Die Stimme der schönen Agnete klingt wie die einer Nachtigall. Sie spricht also nicht mehr so wie die Menschen. Woraus sehen wir, daß sie trotzdem noch genauso wie ein Mensch fühlt?
2. In den deutschen Sagen hört man oft, daß Nixen von den Menschen am nassen Saum ihrer Kleider erkannt werden, der nie trocknet. Welche Zeile spielt auf solche Sagen an?
3. Nixen und ähnliche Kreaturen sind unsterblich, aber sie können nie erlöst werden, da Jesus nicht für sie gestorben ist. Wo wird auf diesen Volksglauben hingewiesen? Welche Folgen hat dieser Zustand für eine Christin?
4. In der zweiunddreißigsten Zeile heißt es: „Da ward die Türe weit aufgetan." Die Dichterin sagt uns nicht, ob die Tür von einem Menschen oder von Gott geöffnet wurde. Was meinen Sie?
5. Was ist die Wirkung der vielen Wortwiederholungen (Anaphora) am Anfang der Zeilen?

die **Signatur, –en**   signature, mark, essence

1 **damasten**   (made of) damask
2 **es liest sich**   one can read it; **die Spur, –en**   track, mark
3 **der Hase, –n, –n**   hare; **der Fink, –en, –en**   finch; **des Reh, –e**   roe-buck, deer
4 **das Wesen, –**   creature; **der Wesen Signatur**w

5 **schicken**   *here:* to ordain
6 **alle Kreatur** (*poet.*)   all creatures
7 **entrückt**   divorced, alien; **ihr = der Natur** (*dative*)

9 **huschen**   to scurry; **girren**   to coo
10 **tauen**   to thaw; **Papagenos Spiel**   *Papageno is a figure in Mozart's opera* The Magic Flute *("Die Zauberflöte"); he catches birds and is himself dressed as a bird. His chimes ([Glocken]spiel) are mentioned here as a metaphor for the songs of birds.*
11 **starr**   stiff
12 **das Haupt ¨er**   *here:* crown; **die Esche, –n**   ash tree; **schwirren**   to fly, whir
13 **Yggdrasil**   *in Norse mythology, the great ash tree symbolizing the universe*
14 **die Hänflingsschar, –en**   flock of linnets (small gray or red finches); **die Zeisigschar, –en**   flock of siskins (small greenish or yellowish finches)
16 **bannen**   to fix, hold fast
18 **zu-wenden***   to turn toward
19 **der Verklärte, –n**   transfigured, ethereal being

21 **weh[e]n**v   to waft
22 **verzückt**   ecstatic
23 **das Cembalogetön**   sound of harpsichord
24 **die Vogelkreatur**   bird kingdom

26 **flehen um**   to plead for

Wilhelm Lehmann

(1882–1968)

DIE SIGNATUR

Damastner Glanz des Schnees,
Darauf liest sich die Spur
Des Hasen, Finken, Rehs,
Der Wesen Signatur.

5   In ihre Art geschickt,
Lebt alle Kreatur.
Bin ich nur ihr entrückt
Und ohne Signatur?

Es huscht und fließt und girrt—
10   Taut Papagenos Spiel
Den starren Januar?
Durchs Haupt der Esche schwirrt,
Der Esche Yggdrasil,
Die Hänflings-, Zeisigschar.

15   Die goldnen Bälle blitzen,
Vom Mittagslicht gebannt,
Bis sie in Reihen sitzen,
Der Sonne zugewandt,
Wie Geister von Verklärten,
20   Die noch die Götter ehrten.

Die leisen Stimmen wehn
Aus den verzückten Höhn
Ein Cembalogetön.
Die Vogelkreatur,
25   Kann ich sie hören, sehn,
Brauch ich nicht mehr zu flehn
Um meine Signatur.

WILHELM LEHMANN

A1 glänzend lustrous

B2 die Naturlyrik nature (lyric) poetry

Fragen

A.

1. Was sieht man auf dem glänzenden Schnee?
2. In welcher Weise ist der Mensch anders als die Kreatur?
3. Was schwirrt durch die Krone der Esche?
4. Womit vergleicht der Dichter die Vögel?
5. Welche Zeit des Tages und des Jahres ist es?

B.

1. Welche Ausdrücke im Gedicht sagen uns, daß das Wetter sonnig ist?
2. Das Katalogisieren ist typisch für die moderne Naturlyrik. Wo geschieht das hier?
3. Wo und wie beantwortet der Dichter seine eigene, in Zeile 7 und 8 gestellte Frage?
4. Was war die existentielle Frage in dem Gedicht? Was ist das, was der Dichter Signatur nennt?
5. In den vierzeiligen Strophen finden wir die Reimfolge *abab*. Wie steht es mit den anderen? Warum, meinen Sie, hat die letzte Strophe eine extra Zeile?

die Ferne, –n distance, distant place

2 **der Eingang, ⸚e** entrance
3 **verschüttet** blocked up with debris

6 **weit und breit** all around
7 **herrschen** to prevail

9 **(sich) erschießen o o** to shoot (oneself) to death

A2 **die Wendung, –en** turn of thought

A5 **der Selbstmord, –e** suicide

B2 **der Zusammenhang, ⸚e** connection

B4 **die Gemütlichkeit** self-satisfied contentment; **das Heimwehmotiv, –e** motif of homesickness

B5 **das Reimpaar, –e** couplet; **zerfallen*** to fall, be divided

Joachim Ringelnatz

(1883–1934)

DIE NEUEN FERNEN

In der Stratosphäre
Links vom Eingang, führt ein Gang
(Wenn er nicht verschüttet wäre)
Sieben Kilometer lang
5 Bis ins Ungefähre.

Dort erkennt man weit und breit
Nichts. Denn dort herrscht Dunkelheit.
Wenn man da die Augen schließt
Und sich langsam selbst erschießt,
10 Dann erinnert man sich gern
An den deutschen Abendstern.

Fragen

A.

1. Wo ist der Gang?
2. Wo zeigt der Dichter mit einer humoristischen Wendung, daß er nicht sicher ist, ob es den Gang noch gibt?
3. Was meint der Dichter mit „dort" in der sechsten Zeile?
4. Was wirkt in der achten und neunten Zeile paradox?
5. Woran erinnert man sich gern beim Selbstmord?

B.

1. Ist dieses Gedicht nur komisch? Begründen Sie Ihre Antwort!
2. Warum wirkt die Wendung „links vom Eingang" in diesem Zusammenhang komisch?
3. Welche anderen Ausdrücke überraschen uns?
4. Sehen Sie in dem Bild des „deutschen Abendsterns" die deutsche Mittelklasse, die deutsche Gemütlichkeit, eine Parodie des Heimwehmotives, alle oder keines von diesen?
5. Das Reimschema kann Gruppen bilden. Welche Bedeutung hat es, daß die erste Strophe eine formale Einheit bildet, während die zweite Strophe in drei Reimpaare zerfällt?

GOTTFRIED BENN

2 **die Erfüllungsstunde, –n** time of fulfillment; **das Gelände** terrain
3 **der Brand, ⸚e** flame, fire
4 **die Lust** happiness, delight; **deiner Gärten Lust**ᵂ

7 **der Siegsbeweis, –e** proof of victory, trophy
8 **vertreten*** to represent, champion

10 **tauschen** to exchange
11 **der Weingeruch, ⸚e** smell of wine; **der Rausch, ⸚** intoxication, ecstasy
12 **das Gegenglück** opposite (other kind of) happiness

A3 **hinzu-fügen** to add

A4 **deuten auf** to hint at, suggest

B1 **gerade** *here:* of all times

B5 **belehrend** didactic

Gottfried Benn

(1886–1956)

EINSAMER NIE—

Einsamer nie als im August:
Erfüllungsstunde—im Gelände
die roten und die goldenen Brände,
doch wo ist deiner Gärten Lust?

5   Die Seen hell, die Himmel weich,
die Äcker rein und glänzen leise,
doch wo sind Sieg und Siegsbeweise
aus dem von dir vertretenen Reich?

Wo alles sich durch Glück beweist
10   und tauscht den Blick und tauscht die Ringe
im Weingeruch, im Rausch der Dinge—:
dienst du dem Gegenglück, dem Geist.

Fragen

A.

1. Wird in dem Gedicht eine Landschaft geschildert? Begründen Sie Ihre Antwort!
2. Wer ist in der achten Zeile mit „dir" gemeint?
3. Welches Verbum müßte man in Prosa in der zweiten Strophe hinzufügen?
4. Welche Zeile deutet auf ein Liebespaar?
5. Die ersten sechs Zeilen handeln zum großen Teil von der Natur. Wie steht es mit den anderen Versen?

B.

1. Warum ist der Dichter gerade im August so einsam?
2. Was bedeutet der Ausdruck „deiner Gärten Lust"?
3. Was ist das Reich des Dichters?
4. Was für einen Sieg meint der Dichter in der siebten Zeile?
5. Würden Sie das Gedicht sentimental, belehrend, ethisch oder keines von diesen nennen? Begründen Sie Ihre Antwort!

1 **die Chiffre, –n**   cipher, symbol
2 **jäh**   sudden
3 **stehen***   *here:* to stand still
4 **sich ballen**   to fall into a ball, become compact and concentrated;
zu . . . hin   toward

6 **der Flammenwurf, ⁻e**   tongue of flame; **der Sternenstrich, –e**   comet's
tail, meteor's path
7 **ungeheuer**   monstrous

A3 **gemeinsam**   in common

A5 **umgeben***   to surround

B1 **alltäglich**   everyday

B3 **schöpfen**   to create; to draw water

B5 **sich verloren vor-kommen***   to feel lost; **abgebrochen**   choppy

EIN WORT

Ein Wort, ein Satz—: Aus Chiffern steigen
erkanntes Leben, jäher Sinn,
die Sonne steht, die Sphären schweigen
und alles ballt sich zu ihm hin.

5   Ein Wort—ein Glanz, ein Flug, ein Feuer,
ein Flammenwurf, ein Sternenstrich—
und wieder Dunkel, ungeheuer,
im leeren Raum um Welt und Ich.

Fragen

A.
1. Was meint der Dichter mit „erkanntem Leben"?
2. Worauf bezieht sich „ihm" in der vierten Zeile?
3. Was haben die Ausdrücke, mit denen der Dichter das Wort vergleicht, gemeinsam?
4. Wann ist wieder Dunkelheit da?
5. Was wird von der Dunkelheit umgeben?

B.
1. Meint Benn mit „Ein Wort" wohl das Wort des Dichters oder ein Wort aus der alltäglichen Sprache?
2. Warum spricht der Dichter so oft in Chiffren?
3. Wie könnte man das folgende Wort Goethes benutzen, um dieses Gedicht zu verstehen? „Schöpft des Dichters reine Hand/ Wasser wird sich ballen."
4. Ist die neue Wirklichkeit, die der Dichter mit seinem Wort schafft, eine dauernde? Begründen Sie Ihre Antwort!
5. Wir haben in dieser Volksliedstrophe—die sich wohl etwas verloren vorkommt—vierhebige Jamben. Warum wirken sie so hektisch und abgebrochen?

2 **die Abendglocke, –n** vespers bell; **lang . . . läutet** = **[wenn]**[u] **die Abendglocke lang[e]**[v] **läutet**[w]
3 **vielen ist** = **ist vielen**[w]**; bereitet** laid, prepared
4 **wohlbestellt** put in good order

5 **mancher auf der Wanderschaft** many a traveler (wanderer)
6 **der Pfad, –e** path
7 **der Gnaden** (*arch. genitive sing.*)[v] grace
8 **der Saft, ⁻e** juice, sap; **aus der Erde kühlem Saft**[w]

10 **versteinern** to petrify, turn to stone; **die Schwelle, –n** threshold
11 **erglänzen** to shine forth; **die Helle** brightness

A3 **ernähren** to nourish

A4 **der Eintritt** admittance, entrance
A5 **derjenige** the one, (*pl.*) those

B1 **irdisch** earthly, secular; **die Wendung, –en** expression

B2 **die Annahme, –n** assumption

B3 **der Betrachtende, –n** observer

Georg Trakl

(1887–1914)

EIN WINTERABEND

Wenn der Schnee ans Fenster fällt,
Lang die Abendglocke läutet,
Vielen ist der Tisch bereitet
Und das Haus ist wohlbestellt.

5 Mancher auf der Wanderschaft
Kommt ans Tor auf dunklen Pfaden.
Golden blüht der Baum der Gnaden
Aus der Erde kühlem Saft.

Wanderer tritt still herein;
10 Schmerz versteinerte die Schwelle.
Da erglänzt in reiner Helle
Auf dem Tische Brot und Wein.

Fragen

A.
1. Was sehen und hören wir in der ersten Strophe?
2. Wie kommen Wanderer zum Haus?
3. Woher wissen wir, daß der Baum der Gnaden von der Erde
   ernährt wird?
4. Woher wissen wir, daß der Eintritt ins Haus schwierig ist?
5. Was erwartet denjenigen, dem der Eintritt gelungen ist?

B.
1. Könnten Sie sich denken, daß die Wanderschaft das irdische
   Leben bedeuten und der Baum der Gnaden auf das Kreuz hin-
   weisen soll? Wie müßte man die Wendung „kommt ans Tor"
   dann verstehen?
2. Was wäre bei dieser Annahme die Bedeutung der siebten und
   achten Zeile des Gedichts?
3. Wo ist der Betrachtende in der dritten Strophe? Woher wissen
   wir dies?
4. Warum ist das Verbum in der zehnten Zeile in der Vergangenheit?

B5 das Abendmahl last supper, communion; **die Anlehnung, –en** reference, allusion; **der Ritus, Riten** ritual; **die Erweiterug, –en** expansion

5. Mit „Brot und Wein" weist Trakl wohl nicht nur auf das christliche Abendmahl, sondern in Anlehnung an Hölderlin auf Riten vieler Religionen. Welche Bedeutung hat diese Erweiterung der Symbolik für den Inhalt des Gedichts?

1 **der Abschiedskuß, ⸚sse**   parting kiss
2 **sich klamm[e]rn^v an**   to cling to
3 **mahnen**   to remind; **mahn[e]^v; Dies und Jenes**   this and that; **acht geben* auf**   to pay attention to

6 **mir ist**   I feel
7 **rund**   *here:* well-rounded (senseless)

11 **dennoch**   nevertheless

13 **dahin**   gone; **würgen**   to choke
14 **verwundern**   to amaze; **sich um-blicken**   to look around

A1 **sich ab-spielen**   to take place

A4 **ab-reisen**   to depart

A5 **unterbrechen***   to interrupt

B1 **die Geste, –n**   gesture; **die Abschiedsstimmung, –en**   mood at parting
B2 **dreimalig**   triple

Franz Werfel

(1890–1945)

DER MENSCH IST STUMM

Ich habe dir den Abschiedskuß gegeben
Und klammre mich nervös an deine Hand.
Schon mahn ich dich, auf Dies und Jenes acht zu geben.
Der Mensch ist stumm.

5   Will denn der Zug nicht endlich pfeifen?
Mir ist, als dürfte ich dich nie mehr wiedersehn.
Ich rede runde Sätze, ohne zu begreifen . . .
Der Mensch ist stumm.

Ich weiß, wenn ich dich nicht mehr hätte,
10   Das wär der Tod, der Tod, der Tod!
Und dennoch möcht ich fliehn. Gott, eine Zigarette!
Der Mensch ist stumm.

Dahin! Jetzt auf der Straße würgt mich Weinen.
Verwundert blicke ich mich um.
15   Denn auch das Weinen sagt nicht, was wir meinen.
Der Mensch ist stumm.

Fragen

A.
1. Wo spielt sich die in dem Gedicht beschriebene Szene ab?
2. Welches Gefühl hat der Sprechende?
3. Warum möchte er fliehen?
4. Woher wissen wir, daß nicht der Sprechende, sondern die andere Person abgereist ist?
5. Welcher Gedanke unterbricht sein Weinen?

B.
1. Durch welche leeren Gesten und banalen Worte schildert der Dichter die Abschiedsstimmung?
2. Welche Wirkung hat das dreimalige Wiederholen des Wortes „der Tod"?

FRANZ WERFEL

B5 der Kehrreim, –e refrain

3. Kann man sagen, daß das hier Beschriebene vom Konkreten zum Abstrakten geht oder umgekehrt?

4. In diesem Gedicht haben wir es mit vierzeiligen Strophen zu tun. Benutzt der Dichter die Volksliedstrophe? Begründen Sie Ihre Antwort!

5. Die Zeile „Der Mensch ist stumm" kommt immer wieder. Was ist Wirkung dieses Kehrreimes?

    der Chor, ⸚e chorus, choir

2 **hohl** hollow; **das Gebein** bones; **die Flöte, –n** flute
3 **die Sehne, –n** sinew; **der Bogen, ⸚** bow; **streichen i i** to stroke,
   here: to draw (a violin bow)
4 **nach-klagen** to reverberate mournfully (*as does the soundboard of a
   violin* = **nach-klingen*** to reverberate + **klagen** to mourn)
5 **verstümmeln** to maim, cripple
7 **die Schlinge, –n** noose; **drehen** *here:* to wind, tie

9 **die Stundenuhr, –en** hourglass; **tropfen** to drip

11 **essen* an** to feed on; **der Wurm, ⸚er** worm
12 **das Gestirn** constellation, fate; **vergraben u a (ä)** to bury

18 **eines Vogels Lied[w]**

20 **versiegeln** to seal; **auf-brechen*** to (break) open
21 **weg-schäumen** to wash away in a sea of foam

25 **zerfallen*** to disintegrate

27 **die Webe** (*poet.*)[x] = **das Gewebe** tissues
28 **odemlos** (*poet.*)[x] breathless

31 **die Arche** ark

Nelly Sachs

(*1891–*)

CHOR DER GERETTETEN

Wir Geretteten,
Aus deren hohlem Gebein der Tod schon seine Flöten schnitt,
An deren Sehnen der Tod schon seinen Bogen strich—
Unsere Leiber klagen noch nach
5 Mit ihrer verstümmelten Musik.
Wir Geretteten,
Immer noch hängen die Schlingen für unsere Hälse gedreht
Vor uns in der blauen Luft—
Immer noch füllen sich die Stundenuhren mit unserem tropfenden
    Blut.
10 Wir Geretteten,
Immer noch essen an uns die Würmer der Angst.
Unser Gestirn ist vergraben im Staub.
Wir Geretteten
Bitten euch:
15 Zeigt uns langsam eure Sonne.
Führt uns von Stern zu Stern im Schritt.
Laßt uns das Leben leise wieder lernen.
Es könnte sonst eines Vogels Lied,
Das Füllen des Eimers am Brunnen
20 Unseren schlecht versiegelten Schmerz aufbrechen lassen
Und uns wegschäumen—
Wir bitten euch:
Zeigt uns noch nicht einen beißenden Hund—
Es könnte sein, es könnte sein
25 Daß wir zu Staub zerfallen—
Vor euren Augen zerfallen in Staub.
Was hält denn unsere Webe zusammen?
Wir odemlos gewordene,
Deren Seele zu Ihm floh aus der Mitternacht
30 Lange bevor man unseren Leib rettete
In die Arche des Augenblicks.
Wir Geretteten,
Wir drücken eure Hand,

NELLY SACHS

34 **euer Auge erkennen*** to meet your gaze

A1 **der Jude, –n** Jew; **unterdrücken** to oppress; **die Alliierten** Allies

A3 **überwinden a u** to overcome

B3 **im Laufe** in the course

B5 **sich verteilen** to be distributed

Wir erkennen euer Auge—
35 Aber zusammen hält uns nur noch der Abschied,
Der Abschied im Staub
Hält uns mit euch zusammen.

Fragen

A.

1. Wer mögen wohl die Geretteten sein, die Juden, die unterdrückte Menschheit oder die Alliierten?
2. Wer ist mit „euch" in der vierzehnten Zeile gemeint?
3. Woraus ersehen wir, daß der Schmerz aus der Zeit des Dritten Reiches noch nicht überwunden ist?
4. Wie interpretieren Sie das Bild von dem beißenden Hund in der vierundzwanzigsten Zeile?
5. Woher wissen wir, daß die Dichterin an Gott glaubt?

B.

1. Welche verschiedenen Bilder benutzt die Dichterin für den Tod? Vergleichen Sie Heines „Der Tod, das ist die kühle Nacht" mit diesem Tod!
2. Welche Bilder sind direkt oder indirekt akustisch?
3. Vergleichen Sie die konkreten Bilder mit den abstrakten! Werden die Bilder im Laufe des Gedichtes konkreter oder abstrakter?
4. Wo kommt Alliteration vor? Wo werden durch Alliteration Wörter verbunden, die für das Gedicht besonders wichtig sind?
5. Welche Zeilen werden wiederholt und wie verteilen sich die wiederholten Zeilen in dem Gedicht?

EUGEN ROTH

2 **das Weib, –er** woman
3 **der Kenner, –** connoisseur

5 **hereintritt = Es tritt . . . herein**[w]**; sonngebräunt** suntanned
6 **kreuzfidel** happy as a lark
7 **sichs = sich es**[v]**; begrüßen** to greet, *here:* to find it nice
8 **der Empfang, ⁻e** reception; **versüßen** to sweeten
9 **käm[e]**[v]

11 **der Anlaß, ⁻sse** occasion; **der Witz, –** joke
12 **schwitzen** to sweat
13 **sinnen a o** to think, consider; **vertreiben ie ie** to drive away
14 **eisern** *here:* indefatigably
15 **schellen** to ring; **herein-schweben** to float in
16 **hauchen** to breathe
17 **heiter** cheerful
18 **find zu dritt = zu dritt find[e]**[vw]**; zu dritt** as a threesome
19 **bräutlich** bridelike, *here:* intimate
20 **die Verzweiflung** despair; **deutlich werden*** to cease mincing words
21 **hinterlassen*** to leave behind
22 **trüb** gloomy; **der Stimmungsrest, –e** remains (dregs) of a mood
23 **die Jungfrau, –en** maid, virgin; **die Zärtlichkeit, –en** tenderness
24 **verleiten** to induce, persuade

Eugen Roth

(1895–)

DER BESUCH

Ein Mensch kocht Tee und richtet Kuchen:
Ein holdes Weib wird ihn besuchen—
Der Kenner weiß, was das bedeutet!
Ha, sie ist da: es hat geläutet.
5 Doch weh! Hereintritt, sonngebräunt
Und kreuzfidel ein alter Freund,
Macht sichs gemütlich und begrüßt,
Daß Tee ihm den Empfang versüßt;
Und gar, daß noch ein Mädchen käm
10 Ist ihm, zu hören, angenehm
Und Anlaß zu recht rohen Witzen.
Der arme Mensch beginnt zu schwitzen
Und sinnt, wie er den Gast vertreibt,
Der gar nichts merkt und eisern bleibt.
15 Es schellt—die Holde schwebt herein:
Oh, haucht sie, wir sind nicht allein?!
Doch heiter teilt der Freund sich mit,
Daß er es reizend find zu dritt.
Der Mensch, zu retten noch, was bräutlich,
20 Wird aus Verzweiflung endlich deutlich.
Der Freund geht stolz und hinterläßt
Nur einen trüben Stimmungsrest:
Die Jungfrau ist zu Zärtlichkeiten
Für diesmal nicht mehr zu verleiten.

Fragen

A.

1. Wie bereitet sich der Mensch auf den Besuch der Dame vor?
2. Wer kommt statt der Dame?
3. Warum freut sich der Mensch nicht über den unerwarteten Besuch?
4. Was sagt der Freund dann zu der Dame?
5. Welche Stimmung hinterläßt der Freund?

EUGEN ROTH

B1 **das Aussehen**   appearance

B4 **paarweise**   in couplets; **verwenden**   to use; **der Knittelvers, –e**   dog-
gerel; **volkstümlich**   popular; **raffiniert**   artful

B5 **überwiegen***   to predominate

B.

1. Sprechen Sie über das Aussehen und den Charakter des Freundes!
2. Worin besteht der Humor in diesem Gedicht?
3. Vergleichen Sie, wie Roth den Ausdruck „ein Mensch" gebraucht mit dem „der Mensch" in dem Gedicht von Günter Eich!
4. Die vierhebigen, paarweise gereimten Zeilen, die hier verwendet sind, nennt man Knittelvers. Dieser Vers gilt als volkstümlich, nicht raffiniert. Wie paßt das hier zum Inhalt?
5. Überwiegen männliche oder weibliche Reime in dem Gedicht?

BERTOLT BRECHT

1 **der Mond, –e** (*poet.*)ˣ   month
2 **der Pflaumenbaum, ¨e**   plum tree
3 **die Liebe, –n**   love, *here also:* sweetheart

7 **ungeheuer**   monstrous, **—oben**   terribly high (up there)
8 **nimmer**   *here:* no longer

10 **hinunter- und vorbei-schwimmen a o**   to swim down and past
11 **ab-hauen**   to chop down

16 **dereinst**   once upon a time

17 **hätt[e]**ᵛ

21 **blüh[e]n**ᵛ

24 **schwinden a u**   to disappear

Bertolt Brecht

(1898–1956)

ERINNERUNG AN DIE MARIE A.

1

An jenem Tag im blauen Mond September
Still unter einem jungen Pflaumenbaum
Da hielt ich sie, die stille bleiche Liebe
In meinem Arm wie einen holden Traum.
Und über uns im schönen Sommerhimmel
War eine Wolke, die ich lange sah
Sie war sehr weiß und ungeheuer oben
Und als ich aufsah, war sie nimmer da.

2

Seit jenem Tag sind viele, viele Monde
Geschwommen still hinunter und vorbei.
Die Pflaumenbäume sind wohl abgehauen
Und fragst du mich, was mit der Liebe sei?
So sag ich dir: Ich kann mich nicht erinnern
Und doch, gewiß, ich weiß schon, was du meinst.
Doch ihr Gesicht, das weiß ich wirklich nimmer
Ich weiß nur mehr: ich küßte es dereinst.

3

Und auch den Kuß, ich hätt ihn längst vergessen
Wenn nicht die Wolke dagewesen wär
Die weiß ich noch und werd ich immer wissen
Sie war sehr weiß und kam von oben her.
Die Pflaumenbäume blühn vielleicht noch immer
Und jene Frau hat jetzt vielleicht das siebte Kind
Doch jene Wolke blühte nur Minuten
Und als ich aufsah, schwand sie schon im Wind.

Fragen

A.
1. Wie war die Wolke, die der Dichter sah?
2. Ist es lange her, daß er seine Freundin küßte?

BERTOLT BRECHT

B2 **früher** *here:* former

B4 **aufdringlich** obtrusive

B5 **irgendwie** somehow

1 **siebentorig** of the seven gates; **Theben** Thebes

3 **der Felsbrocken, –** large chunk of rock, boulder; **herbei-schleppen**
to drag up (from the quarry)
4 **mehrmals** frequently
5 **auf-bauen** to rebuild
6 **goldstrahlend** dazzlingly golden; **die Bauleute** construction workers
7 **wo = an dem** (*coll.*)

9 **der Triumphbogen, ∺** triumphal arch
10 **vielbesungen** much celebrated in song; **Byzanz** Byzantium
11 **der Bewohner, –** inhabitant; **sagenhaft** legendary; **Atlantis** *fabled
island said to have vanished into the Atlantic Ocean*
12 **brüllen** to roar, shout; **verschlingen a u** to devour, cover up
13 **ersaufen** to drown; **der Sklave, –n, –n** slave
14 *Alexander the Great (356–323* B.C.*);* **erobern** to conquer; *the ex-
pedition to India took place in 327–325* B.C.

16 **Cäsar** *Gaius Julius Caesar (ca. 100–44* B.C.*); conquered the Gauls
in 58–51* B.C.*;* **der Gallier, –** Gaul

148

3. Weiß der Dichter, was mit den Pflaumenbäumen geschehen ist?
4. Kann sich der Dichter an seine Freundin erinnern?
5. Woran kann er sich genau erinnern?

B.
1. Das Wort Mond für Monat wirkt sentimental, wie auch der Ausdruck „wie einen holden Traum". Ist das Gedicht sentimental?
2. Ist Brecht noch in seine frühere Freundin verliebt? Kann man überhaupt sagen, daß er verliebt ist oder war? Begründen Sie Ihre Antwort!
3. Welche Zeilen scheinen Ihnen besonders ironisch gemeint?
4. Warum kann man sagen, daß der Reim in diesem Gedicht nicht aufdringlich ist?
5. Welche Zeile hat eine Hebung mehr als die anderen? Ist diese Zeile irgendwie wichtig für das Gedicht?

FRAGEN EINES LESENDEN ARBEITERS

Wer baute das siebentorige Theben?
In den Büchern stehen die Namen von Königen.
Haben die Könige die Felsbrocken herbeigeschleppt?
Und das mehrmals zerstörte Babylon,
5 Wer baute es so viele Male auf? In welchen Häusern
Des goldstrahlenden Lima wohnten die Bauleute?
Wohin gingen an dem Abend, wo die chinesische Mauer fertig war,
Die Maurer? Das große Rom
Ist voll von Triumphbögen. Über wen
10 Triumphierten die Cäsaren? Hatte das vielbesungene Byzanz
Nur Paläste für seine Bewohner? Selbst in dem sagenhaften Atlantis
Brüllten doch in der Nacht, wo das Meer es verschlang,
Die Ersaufenden nach ihren Sklaven.
Der junge Alexander eroberte Indien.
15 Er allein?
Cäsar schlug die Gallier.
Hatte er nicht wenigstens einen Koch bei sich?

18 **Philipp von Spanien** *Phillip II of Spain, reigned 1559–1598;* **die Flotte, –n** fleet; *the Spanish Armada sank in 1588*
19 **unter-gehen*** to sink, founder
20 **Friedrich der Zweite** *Frederick II (the Great) of Prussia (1712– 1786);* **siegen** to win, conquer; **der Siebenjährige Krieg** *Seven Year's War (1756–1763)*

23 **der Siegesschmaus** victory feast

25 **die Spesen** costs, expenses

26 **der Bericht, –e** report, statement

B1 **an-greifen*** to attack; **das Geschichtsbuch, ¨er** history book

B3 **deswegen** therefore

B4 **die Grundfrage, –n** basic question
B5 **ausdrucksvoll** expressive; **in bezung auf** with reference to

Philipp von Spanien weinte, als seine Flotte
Untergegangen war. Weinte sonst niemand?
20 Friedrich der Zweite siegte im Siebenjährigen Krieg. Wer
Siegte außer ihm?
Jede Seite ein Sieg.
Wer kochte den Siegesschmaus?
Alle zehn Jahre ein großer Mann.
25 Wer bezahlte die Spesen?

So viele Berichte,
So viele Fragen.

Fragen

A.

1. Wer baute das siebentorige Theben?
2. Wer wohnte in Byzanz nicht in Palästen?
3. Wann dachten die Einwohner von Atlantis, die Besitz hatten, an
   ihre Sklaven?
4. Wer weinte außer Philip von Spanien, als die Flotte untergegangen war?
5. Wo findet man die Berichte?

B.

1. Warum greift Brecht die Geschichtsbücher an?
2. Warum stellt ein Arbeiter diese Fragen?
3. Brecht war Marxist. Hat das Gedicht deswegen keine Bedeutung
   für uns?
4. Was ist die Grundfrage dieses Gedichtes?
5. Brecht spricht in einem Essay von seiner reimlosen Lyrik mit
   unregelmäßigen Rhythmen und meint, daß diese Form aus-
   drucksvoller sei als die metrische. Was würden Sie in bezug auf
   dieses Gedicht dazu sagen?

ERICH KÄSTNER

sachlich matter-of-fact; **die Romanze, –n** romance

3 **abhanden-kommen*** to get mislaid, be lost

5 **sich betragen*** to act, behave; **heiter** cheerfully

7 **weiter-wissen*** to know how to proceed
8 **dabei-stehen*** to stand there

9 **winken** to wave (at)

12 **nebenan** next door; **üben** to practice; **das Klavier, –e** piano

13 **das Café, –s** restaurant, coffeehouse; **der Ort, –e** place, town

17 **fassen** to grasp, comprehend

A3 **verlegen** embarrassed
A4 **das Paar, –e** pair, couple

A5 **besprechen*** to discuss

Erich Kästner

(*1899–*)

SACHLICHE ROMANZE

Als sie einander acht Jahre kannten
(und man darf sagen: sie kannten sich gut),
kam ihre Liebe plötzlich abhanden.
Wie andern Leuten ein Stock oder Hut.

5   Sie waren traurig, betrugen sich heiter,
versuchten Küsse, als ob nichts sei,
und sahen sich an und wußten nicht weiter.
Da weinte sie schließlich. Und er stand dabei.

Vom Fenster aus konnte man Schiffen winken.
10   Er sagte, es wäre schon Viertel nach vier
und Zeit, irgendwo Kaffee zu trinken.
Nebenan übte ein Mensch Klavier.

Sie gingen ins kleinste Café am Ort
und rührten in ihren Tassen.
15   Am Abend saßen sie immer noch dort.
Sie saßen allein, und sie sprachen kein Wort
und konnten es einfach nicht fassen.

Fragen

A.
1. Haben der Mann und die Frau einander lange geliebt?
2. Wie zeigten sie, daß sie traurig waren?
3. Woher wissen wir, daß der Mann verlegen war?
4. Wie zeigt uns der Dichter, daß sich niemand für das Paar interessierte?
5. Warum konnten sie ihre Situation nicht besprechen?

B.
1. Welche Bilder benutzt der Dichter, um zu zeigen, daß sie einander nicht mehr liebten?

ERICH KÄSTNER

B5 volkstümlich colloquial; **pathetisch** rhetorical

2. Warum nennt der Dichter das Gedicht eine „sachliche Romanze" (Ballade)?
3. In der dritten Strophe heißt es: „Vom Fenster aus konnte man Schiffen winken." Welchen Zweck hat diese Zeile im Gedicht, wenn die Schiffe ein Bild des interessanten Lebens sind?
4. Welche Strophe ist anders als die anderen? Wie ist sie anders?
5. Verwendet Kästner eine volkstümliche, poetische, pathetische oder prosaische Sprache?

MARIE LUISE KASCHNITZ

Genazzano *town near Rome*

2 **winterlich** cold, wintry
3 **gläsern** glassy; **das Klappern** clopping
4 **der Eselshuf, ⁻e** donkey's hoof
5 **steilauf** steeply upward (toward)
6 **der Brunnen, –** well, town pump with basin
7 **das Brauthemd, –en** wedding dress
8 **das Totenhemd, –en** shroud

10 **unterm = unter dem**ᵛ
11 **wehen** to wave; **das Laub** leaves, foliage; **die Platane, –** plane tree
12 **der Klumpen, –** lump
13 **der Zapfen, –** icicle
14 **klirren** to clink, jingle

A3 **wider-spiegeln** to reflect

B1 **unterstützen** to support; **die Ahnung, –en** presentiment

B5 **die Bedrohung** menace, threat

156

Marie Luise Kaschnitz

(1901–   )

GENAZZANO

Genazzano am Abend
Winterlich
Gläsernes Klappern
Der Eselshufe
5   Steilauf die Bergstadt.
Hier stand ich am Brunnen
Hier wusch ich mein Brauthemd
Hier wusch ich mein Totenhemd.
Mein Gesicht lag weiß
10   Unterm schwarzen Wasser
Im wehenden Laub der Platanen.
Meine Hände waren zwei Klumpen Eis
Fünf Zapfen an jeder
Die klirrten.

Fragen

A.

1. Welchen Lärm machten die Eselshufe? Warum?
2. Was machte die Sprechende am Brunnen?
3. Was sah sie im Wasser widergespiegelt?
4. Woran könnten wir denken, wenn wir die zehnte Zeile lesen?
5. Womit vergleicht die Sprechende ihre Hände und Finger?

B.

1. Welche Bilder unterstützen die Ahnung des Todes?
2. Wie ist die dritte Zeile mit der letzten verbunden?
3. Wie helfen uns die siebte und achte Zeile die Bedeutung der letzten drei Zeilen zu verstehen?
4. Meinen Sie, daß die Kälte zum Teil eine innerliche ist? Begründen Sie Ihre Antwort!
5. Hinterläßt das Gedicht im Leser ein Gefühl der Bitterkeit? der Resignation? der Trauer? der Bedrohung? des Mitleides?

GÜNTER EICH

2 **sinnen a o auf** to think of, plot; **die Vernichtung** destruction

5 **verhangen** overcast
6 **das Wachstum** growth; **knistern** to crackle, rustle

7 **die Magd, ̈e** maid; **die Distel, –n** thistle; **stechen a o (i)** to dig out
8 **das Lerchenlied, –er** song of larks

10 **Randersacker** *winegrowing town in Franconia*

11 **Alicante** *resort town on the east coast of Spain*
12 **der Strand, –e** beach; **Taormina** *resort in Sicily*

13 **der Allerseelentag, –e** *All Souls Day, November 2;* **die Kerze, –n** candle; **entzünden** to light; **der Friedhof, ̈e** cemetery; **Feuchtwangen** *Bavarian medieval town*
14 **auf-holen** to haul in; **die Doggerbank, –en** *shallows in the North Sea*
15 **die Schraube, –n** screw, bolt; **das Fließband, ̈er** conveyor belt
16 **setzen** *here:* to set out, plant; **die Reis-Terrasse, –n** rice paddy; **Szetschuan** *Szechwan, Chinese province*
17 **das Maultier, –e** mule; **die Anden** *Andes*

18 **zärtlich** tenderly; **berühren** to touch
19 **die Umarmung, –en** embrace

22 **unschuldig** innocent

Günter Eich

(*1907–   *)

DENKE DARAN, DASS DER MENSCH DES MENSCHEN FEIND IST

Denke daran, daß der Mensch des Menschen Feind ist
und daß er sinnt auf Vernichtung.
Denke daran immer, denke daran jetzt,
während eines Augenblicks im April,
5 unter diesem verhangenen Himmel,
während du das Wachstum als ein feines Knistern zu hören
    glaubst,
die Mägde Disteln stechen
unter dem Lerchenlied,
auch in diesem Augenblick denke daran!

10 Während du den Wein schmeckst in den Kellern von Randers-
    acker
oder Orangen pflückst in den Gärten von Alicante,
während du einschläfst im Hotel Miramar nahe dem Strand von
    Taormina,
oder am Allerseelentage eine Kerze entzündest auf dem Friedhof
    in Feuchtwangen,
während du als Fischer das Netz aufholst über der Doggerbank
15 oder in Detroit eine Schraube vom Fließband nimmst,
während du Pflanzen setzt in den Reis-Terrassen von Szetschuan,
auf dem Maultier über die Anden reitest,—denke daran!

Denke daran, wenn eine Hand dich zärtlich berührt,
denke daran in der Umarmung deiner Frau,
20 denke daran beim Lachen deines Kindes!

Denke daran, daß nach den großen Zerstörungen
jedermann beweisen wird, daß er unschuldig war.

24 **nirgendwo** nowhere; **die Landkarte, –n** map; **Bikini** *site of first postwar atomic tests, atoll in the Pacific*

26 **entsetzlich** terrible

27 **sich ab-spielen** to take place

A2 **auseinanderliegend** scattered; **gültig** valid; **die Aussage, –n** statement

A3 **die Beschäftigung, –en** occupation

A5 **die Unschuld** innocence; **an-deuten** to suggest; **verantwortlich** responsible

B2 **sich wenden* an** to be directed at

B5 **die Zeilenlänge, –n** length of the verse line; **die Reimlosigkeit** fact that the verse is unrhymed

Denke daran:
Nirgendwo auf der Landkarte liegt Korea und Bikini,
25 aber in deinem Herzen.
Denke daran, daß du schuld bist an allem Entsetzlichen,
das sich fern von dir abspielt—

Fragen

A.
1. Warum ist für Eich der Mensch der Feind des Menschen?
2. Welche weit auseinanderliegenden Orte nennt der Dichter, um das allgemein Gültige seiner Aussage zu betonen?
3. Welche Berufe und Beschäftigungen haben die Menschen, die Eich erwähnt?
4. Wo und wie beschreibt der Dichter die Natur?
5. Wann will jeder seine Unschuld beweisen? Wo deutet Eich an, daß jeder Mensch für alles verantwortlich ist?

B.
1. Meint der Dichter mit „der Mensch" die anonyme Masse oder jeden einzelnen Menschen? Begründen Sie Ihre Antwort!
2. Wendet sich das Gedicht an den Verstand oder das Gefühl oder keines von beiden?
3. Der Dichter sagt, daß wir daran denken sollen, daß der Mensch auf Vernichtung sinnt, wenn eine Hand uns zärtlich berührt. Wirkt das nicht paradox? Warum sollen wir doch daran denken?
4. Was meint Eich wohl mit dem Satz: „Nirgendwo auf der Landkarte liegt Korea und Bikini/ aber in deinem Herzen"?
5. Welche Wirkung hat die Wiederholung von „Denke daran"? Welche Wirkung haben die unregelmäßigen Zeilenlängen und die Reimlosigkeit?

Tabula rasa   a blank slate

1 **einen Anfang setzen**   to begin
2 **unerhört** unheard of; **schrecken**   to frighten
3 **das Geschlecht, –er**   race
4 **netzen**   to sprinkle

5 **die Schar, –en**   swarm
6 **der Bergsturz, ‥e**   avalanche
7 **ungetüm**   violent, monstrous
8 **der Haufen, –**   heap, *here also:* army

9 **der Dämon, –en**   demon; **ohn** (*arch.*)ˣ = **ohne; das Erbarmen**   mercy
10 **ergreifen***   to seize; **hin- und her-schleudern**   to toss back and forth
11 **häufen**   to pile up; **ratlos**   helpless; **verarmen**   to grow poor
12 **rasend**   raging, frantic, rapacious; **der Verzehr**   consumption, waste

13 **ab-brechen***   to tear down; **die Brücken —**   to burn one's bridges
14 **unbeirrbar**   self-confidently, not to be put down; **frommen**   to be of use
15 **beschwören**   to adjure
16 **die Verzweiflung**   desperation, despair

17 **ungereimt**   *here:* senseless; **das Zeug**   stuff; **haften**   to hold fast
18 **wunderlich**   oddly; **vergällen**   to make bitter, embitter

20 **der Griff, –e**   grasping

21 **sprachlos**   mute
22 **verschweigen***   to cover up; **was wird uns verschwiegen**   what is kept from us
23 **die Trümmer**   ruins
24 **die Dunkelheit, –en**   darkness, *here also:* abyss

25 **raunen**   to whisper; **die Verborgenheit**   secrecy, privacy
26 **die Enge**   narrow confines
27 **keltern**   to press out; **der Tropfen, –**   drop
28 **der Wirbel, –**   whirlpool; **der Untergang, ‥e**   ruin, fall, defeat

Hans Egon Holthusen

(1913–   )

TABULA RASA

Ein Ende machen. Einen Anfang setzen,
Den unerhörten, der uns schreckt und schwächt.
Noch einmal will das menschliche Geschlecht
Mit Blut und Tränen diese Erde netzen.

5   Wir sind nicht mehr wir selbst. Wir sind in Scharen.
Wir sind der Bergsturz, der Vulkan, die Macht.
Der ungetüme Wille der Cäsaren
Wirft uns in großen Haufen in die Schlacht.

Was für ein Dämon, der uns ohn Erbarmen
10   Ergreift und wringt und schleudert hin und her!
Wir häufen Tote, ratlos, wir verarmen
Von Jahr zu Jahr. O rasender Verzehr!

Wir brechen alle Brücken ab, zerstören
Sehr rasch und unbeirrbar, was uns frommt.
15   Aus allen Dächern Feuer! Wir beschwören
Die Zukunft, die mit der Verzweiflung kommt.

Wir reden ungereimtes Zeug. Wir haften
Nicht mehr am Wahren. Wunderlich vergällt
Ist uns der Schmerz. Noch unsre Leidenschaften
20   Sind Griffe in die Luft, die nichts enthält.

Und doch, wir leiden. Sprachlos. Aber wer,
Wer schweigt aus uns, und was wird uns verschwiegen?
Wer zählt die Trümmer unsrer Welt—und mehr:
Die Dunkelheiten, die dazwischen liegen?

25   Wer ist es, raunend in Verborgenheit,
Und wohnt in eines Menschenherzens Enge
Und keltert einen Tropfen Ewigkeit
Im dunklen Wirbel unsrer Untergänge?

A4 sich benehmen* to behave; **die Verwirrung** confusion; **vernichten** to destroy, obliterate

B1 der Verlust, –e loss; **bedauern** to regret

Fragen

A.

1. Woher wissen wir schon vor der achten Zeile, daß der Dichter von Krieg spricht?
2. Was ist für den Dichter der rasende Verzehr?
3. Wie betrachtet er die Zukunft?
4. Wie benehmen sich die Menschen in der Verwirrung des vernichtenden Krieges?
5. Woher wissen wir, daß der Dichter doch noch an etwas im Menschen glaubt?

B.

1. Welchen Verlust bedauert der Dichter besonders in der zweiten Strophe?
2. Welcher Verlust kommt in der fünften Strophe zum Ausdruck?
3. Wie hilft uns der Titel, das Gedicht zu verstehen?
4. Woran, meinen Sie, glaubt der Dichter?
5. Würden Sie meinen, daß die Strophen, die mit männlichem Reim enden, bestimmter wirken, als die, die mit weiblichem Reim enden?

das Selbstbildnis, –se self-portrait

1 **trügerisch** deceptive
2 **das Antlitz, –e** face, visage; **sich dehnen** to stretch, become distorted
3 **ertrinken*** to drown; **wunderbar** marvelous
4 **das Geisterwasser** spirits; **das Aschenhaar, –e** ashen hair
5 **sich sehnen nach** to long for

8 **duften** to be fragrant, smell sweet; **der Gaumen, –** palate; **sengen** to scorch, burn
9 **blauumrändert** lined in blue, with deep shadows; **nicht geheuer** uncanny, haunted
10 **umschatten** to overshadow
11 **der Stoppelbart, –̈e** stubble; **sich fangen*** to be caught
12 **hängen i a** to hang, *here also:* to cling; *perhaps a satirical allusion to Psalm 133:2, "It is like the precious ointment upon the head, that ran down upon the beard . . ."*
13 **den Atem ein-ziehen*** to inhale
14 **ruhelos** incessantly
15 **sinnen a o** to contemplate, think; **verwachsen* mit** to grow into, become part of; **die Braue, –n** eyebrow
16 **das Nichts** nothingness, void; **behaart** hairy; **die Teufelsklaue, –n** devil's claw
17 **spüren** to feel, sense; **um-biegen*** to bend down; **der Nacken** neck
18 **zwängen** to force

20 **fahren u a (ä)** *here:* to sail; **selig** blissful; **mir scheitelhin** toward the crown of my head
21 **schlüpfen** to slip; **die Masche, –n** mesh
22 **drin^x =** worin
23 **streifen** to graze, brush; **der Tropenhimmel, –** tropical sky
24 **die Negerlippe, –n** Negro lip; **Jamaika [xx́xx́]** (*usually* xx́x) *Jamaica, island in the Caribbean, noted for its rum*
25 **sich auf-lösen** to disintegrate; **das Gewimmel** confusion, chaos (*this is an ironic contrast to the usual* **sphärische Harmonie**)
26 **mir zu Häupten** above my head; **das Jenseits** other world, heaven

Karl Krolow

(1915–   )

SELBSTBILDNIS MIT DER RUMFLASCHE

Trügerisches Bild aus diesen Jahren,
Antlitz, das sich durch die Flasche dehnt
Und ertrinkt im tiefen, wunderbaren
Geisterwasser! Das mit Aschenhaaren,
5 Schwarzen Zähnen nach dem Mond sich sehnt,
An die Nacht gelehnt!

Ach, ich bin es; und ich schlucke Feuer,
Das mir duftend meinen Gaumen sengt:
Augen, blauumrändert, nicht geheuer,
10 Und das Kinn umschattet schon ein neuer
Stoppelbart, in dem der Staub sich fängt,
Gelber Zucker hängt.

Und ich zieh den Atem ein und kaue
Ruhelos im Mund den süßen Rum.
15 Was ich sann, verwuchs mit meiner Braue.
Und das Nichts—behaarte Teufelsklaue—
Spür ich, biegt mir meinen Nacken um,
Zwängt den Rücken krumm.

Trügerisches Bild! Die dunkle Flasche
20 Fährt als seliges Schiff mir scheitelhin,
Wächst mir aus der Hand, schlüpft durch die Masche
Meines Traums, drin ich gefangen bin.
Und sie streift den fernen Tropenhimmel,
Negerlippen und Jamaika,
25 Löst sich auf im sphärischen Gewimmel
Mir zu Häupten und dem Jenseits nah.

Fragen

A.

1. Was sieht der Dichter in der ersten Strophe in der Rumflasche
gespiegelt?

167

KARL KROLOW

B3 **die Auflösung** disintegration; **die Erlösung** salvation

2. Warum ist die Feststellung des Dichters, sein Bild ertrinke im Rum, besonders passend?
3. Woher wissen wir, daß der Dichter schon lange trinkt?
4. Woher wissen wir, daß er beim Trinken nicht lustig ist, sondern Angst hat?
5. Warum denkt er gerade an Jamaika?

B.
1. Welche Züge des Selbstbildnisses sind besonders unangenehm?
2. Wie ist das trügerische Bild der ersten Strophe anders als das der vierten?
3. Würden Sie in den letzten zwei Zeilen Auflösung oder Erlösung sehen?
4. Wirkt das Gedicht durch Gedanken, durch Bilder oder durch beides? Begründen Sie Ihre Antwort!
5. Wie sind Form und Inhalt der letzten Strophe anders als Form und Inhalt der ersten drei Strophen?

RAINER BRAMBACH

die Poesie   poetry

1 *Edgar Allan Poe (1809–1849)*

4 **die Dämmerung**   dusk
5 **die Ulme, –n**   elm

8 **das Laub**   leaves, foliage
9 **verregnet**   soaked (by rain)

12 **der Samtbesatz**   velvet trim
13 **düster**   melancholily, darkly
14 **pfeifen**   to whistle; **pfeif dir was**   whistle something (a tune), *here
also:* never mind

18 **wahrhaftig**   in truth, truly

•20 **allmählich**   gradually; **eins werden mit**   to blend into

A4 **die Fassung**   composure; **wieder gewinnen a o**   to regain

Rainer Brambach

(1917–   )

POESIE

Außer Poe und mir
war niemand im Park.
Nur jemand wie Poe
zeigt sich in der Dämmerung
5   unter alten Ulmen.
Ich habe Poe gesehn.
Unter den Ulmen stand er
im nassen Laub, allein
und verregnet.
10   Ich sah Poe.
Er trug den Mantel
mit dem Samtbesatz
und sah düster nach—ich weiß nicht.
Pfeif dir was, Brambach! Versuch
15   eine Melodie,
denk dir einen Vogel,
nimm Poe's alten, schwarzen Vogel,
laß ihn fliegen . . . wahrhaftig,
ich habe Poe gesehn
20   und wie er allmählich eins wurde
mit den Ulmen im Regen.

Fragen

A.
1. Wo stand der Sprecher?
2. Wo sah er jemand wie Poe?
3. Wonach sah Poe?
4. Was versucht der unruhig gewordene Dichter zu tun, um seine
   Fassung wieder zu gewinnen?
5. Wie verschwand die Erscheinung Poes?

B.
1. Was haben die Ulmen und der Rabe mit E. A. Poes Dichtung
   zu tun?

B2 **die Erscheinung, –en** apparition; **gegenüber-stehen*** to have an attitude toward

B4 **französisch** French; **Lyrik**[j]; **Klang**[g]; **achten auf** to pay attention to

B5 **vorbestimmt** predetermined

2. Beschreiben Sie, wie der Sprecher der Erscheinung Poes in verschiedenen Teilen des Gedichts gegenübersteht!
3. Was sagt uns der Titel über den Inhalt des Gedichts?
4. Schon die französischen Symbolisten sahen Poe als den Vater der modernen Lyrik an, und Benn lobte ihn, weil er seine Gedichte „machte", und mehr auf den Klang als auf den Inhalt achtete. Was ist in diesem Gedicht am wichtigsten, der Klang, der Inhalt, die Stimmung oder keines von diesen?
5. Was ist in diesen reimlosen Versen ohne vorbestimmtes Metrum wichtiger, die Wiederholung oder die Assonanz?

die Todesfuge, –n fugue of death

1 **die Frühe** morning

4 **schaufeln** to dig

6 **dunkeln** to grow dark; **Margarete** (*German name,* see *Goethe's* Faust)

7 **der Rüde, –n, –n** large hound; **herbei-pfeifen*** to whistle for

8 **hervor-pfeifen*** to whistle up; **der Jude, –n, –n** Jew
9 **auf-spielen** to strike up a tune

15 **aschen** ashen, ashblond, strewn with ashes; **Sulamith** (*Jewish name,* see "Song of Songs") Shulamite

16 **stechen a o (i)** to dig; **das Erdreich** soil; **ihr einen** these of you; **ihr andern** those of you

17 **das Eisen, –** *here:* weapon; **der Gurt, –e** belt

18 **der Spaten, –** spade; **weiter** on

Paul Celan

(1920–)

TODESFUGE

Schwarze Milch der Frühe wir trinken sie abends
wir trinken sie mittags und morgens wir trinken sie nachts
wir trinken und trinken
wir schaufeln ein Grab in den Lüften da liegt man nicht eng
5 Ein Mann wohnt im Haus der spielt mit den Schlangen der
    schreibt
    der schreibt wenn es dunkelt nach Deutschland dein goldenes
    Haar Margarete
    er schreibt es und tritt vor das Haus und es blitzen die Sterne er
    pfeift seine Rüden herbei
    er pfeift seine Juden hervor läßt schaufeln ein Grab in der Erde
    er befiehlt uns spielt auf nun zum Tanz

10 Schwarze Milch der Frühe wir trinken dich nachts
    wir trinken dich morgens und mittags wir trinken dich abends
    wir trinken und trinken
    Ein Mann wohnt im Haus und spielt mit den Schlangen der
    schreibt
    der schreibt wenn es dunkelt nach Deutschland dein goldenes
    Haar Margarete
15 Dein aschenes Haar Sulamith wir schaufeln ein Grab in den
    Lüften da liegt man nicht eng

    Er ruft stecht tiefer ins Erdreich ihr einen ihr andern singet und
    spielt
    er greift nach dem Eisen im Gurt er schwingts seine Augen sind
    blau
    stecht tiefer die Spaten ihr einen ihr andern spielt weiter zum
    Tanz auf

    Schwarze Milch der Frühe wir trinken dich nachts
20 wir trinken dich morgens und mittags wir trinken dich abends
    wir trinken und trinken
    ein Mann wohnt im Haus dein goldenes Haar Margarete
    dein aschenes Haar Sulamith er spielt mit den Schlangen

25 **streichen i i** to bow, play; **dunkel** darkly, *here:* somberly; **die Geige,**
–n violin

31 **bleiern** leaden; **die Kugel, –n** bullet

33 **hetzen** to set upon

A1 **das Konzentrationslager, –** concentration camp

A4 **jüdisch** Jewish

B1 **deuten auf** to point at, suggest
B2 **die Nebenbedeutung, –en** connotation
B3 **das Fehlen** lack; **die Interpunktion** punctuation; **die Zeilenlänge,**
–n length of verse line

Er ruft spielt süßer den Tod der Tod ist ein Meister aus Deutschland
25 er ruft streicht dunkler die Geigen dann steigt ihr als Rauch in
   die Luft
dann habt ihr ein Grab in den Wolken da liegt man nicht eng

Schwarze Milch der Frühe wir trinken dich nachts
wir trinken dich mittags der Tod ist ein Meister aus Deutschland
wir trinken dich abends und morgens wir trinken und trinken
30 der Tod ist ein Meister aus Deutschland sein Auge ist blau
er trifft dich mit bleierner Kugel er trifft dich genau
ein Mann wohnt im Haus dein goldenes Haar Margarete
er hetzt seine Rüden auf uns er schenkt uns ein Grab in der Luft
er spielt mit den Schlangen und träumet der Tod ist ein Meister
   aus Deutschland
35 dein goldenes Haar Margarete
dein aschenes Haar Sulamith

Fragen
A.
1. Wieso wissen wir, daß von einem Konzentrationslager die Rede
   ist?
2. Was bedeutet: „der Tod ist ein Meister aus Deutschland"?
3. Hilft uns die achte Zeile festzustellen, wer in dem Gedicht mit
   „wir" gemeint ist?
4. Sulamith ist ein jüdischer Mädchenname. Welche Bedeutung hat
   in dem Gedicht „dein aschenes Haar" neben der Bedeutung „dein
   aschblondes Haar"?
5. Wieso haben die Toten „ein Grab in der Luft"? Wie hängt das
   mit der „schwarzen Milch der Frühe" zusammen?

B.
1. Wie deuten die Wiederholungen im Gedicht auf den Titel?
2. Welche Nebenbedeutung hat der Befehl, zum Tanz zu spielen?
3. Welche Wirkung hat das Fehlen der Interpunktion? Die unregel-
   mäßige Zeilenlänge?
4. Die meisten Zeilen sind daktylisch [(x)x́xxx́xx u.s.w.]. Was ist
   ihre Wirkung?
5. Was ist die Wirkung der Teile verschiedener Zeilen, in denen
   nicht zwei, sondern eine Senkung zwischen den Hebungen steht?

5 **die Irrfahrt, –en** wandering about, odyssey
6 **zu Ende sein*** to be over

7 **sich fragen** to ask oneself, wonder

10 **die Besatzung, –en** ship's crew; **bummeln** to loaf around

14 **günstig** favorable
15 **der Delphin, –e** dolphin

17 **pendeln** to sway

19 **der Perlenvorhang, ¨e** curtain of beads

20–21 **Mi faccia . . . favore** Please shave me

Heinz Piontek

(1925–   )

IM HAFEN

Katzen, Liebende.
Die Sonne
über Bösen und Guten.

Er lehnt im Schatten—
5   seine Fahrten und Irrfahrten
sind zu Ende.

Er fragt sich:
Wie ist es möglich
zu leben?

10   Die Besatzungen bummeln.
Die Liebenden
trinken Kaffee.

Nie mehr
ein günstiger Wind?
15   Nie mehr Delphine.

Die scharfen Masten
pendeln im Blau . . .

Er teilt mit den Schultern
einen Perlenvorhang:

20   „Mi faccia la barba,
per favore."

Fragen

A.
1. Über wen und was scheint die Sonne?
2. Welche Frage stellt der Sprechende?

179

HEINZ PIONTEK

A4 **aus-sprechen*** to express
A5 **die Gleichgültigkeit** indifference

B2 **das Geschehen** occurrence

B4 **nüchtern** sober; **betrachtend** comtemplative

3. Mit welchen Worten drückt der Dichter das allgemein Angenehme aus?
4. Mit welchen Worten spricht er Zweifel aus?
5. Mit welchen Worten teilt er uns Gleichgültigkeit mit?

B.

1. Wie hilft uns der Titel, das Gedicht zu verstehen?
2. Wird in dem Gedicht ein privates Geschehen erzählt oder etwas für unsere Zeit Typisches?
3. Will der Dichter mit den letzten zwei Zeilen sagen, daß er jetzt dem Meer den Rücken kehrt oder daß ihm diese bunte Welt so gleichgültig ist, daß er einfach etwas so Triviales tut, wie sich rasieren zu lassen? Begründen Sie Ihre Antwort!
4. Ist der Ton des Gedichtes lakonisch, nüchtern, betrachtend oder alles zusammen?
5. Wo kommt in dem Gedicht Enjambement vor? Wo Assonanz?

INGEBORG BACHMANN

die Reklame, –n advertisement, commercial

1 *It is easier to understand the poem linguistically if it is read first without the lines in italics!*

2 **sei ohne Sorge!** don't worry.

8 **heiter** cheerful

11 **angesichts** in face of

15 **der Schauer** terror
16 **die Traumwäscherei, –en** dream laundry

19 **die Totenstille** deathly silence
20 **ein-treten*** to commence

A3 **kursiv** italicized; **treffen*** *here:* to catch

A5 **ohne weiteres** without any trouble; **zusammenhängend** together, continuous

Ingeborg Bachmann

(1926–   )

REKLAME

Wohin aber gehen wir
ohne sorge sei ohne sorge
wenn es dunkel und wenn es kalt wird
sei ohne sorge
5   aber
mit musik
was sollen wir tun
heiter und mit musik
und denken
10   *heiter*
angesichts eines Endes
mit musik
und wohin tragen wir
am besten
15   unsre Fragen und den Schauer aller Jahre
in die Traumwäscherei ohne sorge sei ohne sorge
was aber geschieht
am besten
wenn Totenstille

20   eintritt

Fragen

A.

1. Wie viele verschiedene Fragen stellt die Dichterin?
2. Was für Musik meint sie wohl?
3. Warum kann man sagen, daß sie den Ton der Reklame in den kursiven Zeilen getroffen hat?
4. Welches Wort in den kursiven Zeilen sagt uns das meiste über die Welt der Reklame?
5. Kann man die normalen Zeilen ohne weiteres zusammenhängend lesen? die kursiven?

INGEBORG BACHMANN

B2 **inwiefern** to what extent; **antithetisch gegenüberstehen*** to be dia-
metrically opposed

B5 **die Interpunktion** punctuation

B.

1. Meinen Sie, daß das Thema des Gedichtes in den normalen
   Zeilen die Einsamkeit des Künstlers oder des modernen Menschen überhaupt ist?
2. Inwiefern stehen die normalen den kursiven Zeilen antithetisch
   gegenüber?
3. Vergleichen Sie die Fragen, die die Dichterin stellt, miteinander!
4. Wie erklären Sie die Tatsache, daß die Reklame früher aufhört
   als die Fragen der Dichterin?
5. Was ist die Wirkung der fehlenden Interpunktion?

die Askese   asceticism, self-denial

4 **die Braut, ̈-e**   bride, fiancée

6 **bewölkt**   cloudy

9 **das Abendblatt, ̈-er**   evening paper

15 **die Marine**   navy
16 **der Mohn**   poppy, poppies; **das Nasenbluten**   nosebleed

18 **streu[e]n^v**   to strew, scatter

20 **die Niere, –n**   kidney; **die Milz, –en**   spleen; **die Leber, –n**   liver
21 **atemlos**   breathless, oxygen starved
22 **der Seich**   urine; **ungewässert**   not soaked and cleaned
23 **zäh**   tough

25 **pausenlos**   without pause, incessantly
26 **wieder-käuen**   to ruminate, repeat over and over again

Günter Grass

(1927–   )

ASKESE

Die Katze spricht.
Was spricht die Katze denn?
Du sollst mit einem spitzen Blei
die Bräute und den Schnee schattieren,
5   du sollst die graue Farbe lieben,
unter bewölktem Himmel sein.

Die Katze spricht.
Was spricht die Katze denn?
Du sollst dich mit dem Abendblatt,
10   in Sacktuch wie Kartoffeln kleiden,
und diesen Anzug immer wieder wenden
und nie in neuem Anzug sein.

Die Katze spricht.
Was spricht die Katze denn?
15   Du solltest die Marine streichen,
die Kirschen, Mohn und Nasenbluten,
auch jene Fahne sollst du streichen
und Asche auf Geranien streun.

Du sollst, so spricht die Katze weiter,
20   nur noch von Nieren, Milz und Leber,
von atemloser saurer Lunge,
vom Seich der Nieren, ungewässert,
von alter Milz und zäher Leber,
aus grauem Topf: so sollst du leben.

25   Und an die Wand, wo früher pausenlos
das grüne Bild das Grüne wiederkäute,
sollst du mit deinem spitzen Blei
Askese schreiben, schreib: Askese.
So spricht die Katze: Schreib Askese.

GÜNTER GRASS

A1 **stammen aus** to come from; **bereuen** to regret

A4 **die Kost** diet; **beziehungsweise** respectively, or perhaps

A5 **das Plakat, –e** poster

B1 **die Ansicht, –en** opinion, view
B2 **die Zusammenstellung, –en** compilation, grouping; **der Bereich, –e** area; **das Erleben** experience; **markant** obviously, strikingly; **übertragen** figurative

B3 **inhaltlich** by the content; **die Rechtfertigung** justification; **die Trauer** mourning
B4 **vor-schreiben*** to prescribe

Fragen

A.

1. Aus welcher Zeit müßte die Zeitung stammen, die den Deutschen erinnern soll, seine Vergangenheit zu bereuen?
2. Wo kommen graue Gegenstände in dem Gedicht vor? rote? braune?
3. Welche Fahne meint der Dichter wohl in der siebzehnten Zeile?
4. Wo wird auf die Kost der Kriegsjahre, beziehungsweise auf Katzenfutter hingewiesen?
5. Was bedeutet das Wort „wiederkäuen", wenn wir uns unter dem grünen Bild Plakate und unter dem Grünen Versprechungen der Nazis vorstellen?

B.

1. Wer könnte die Katze sein? Teilt der Dichter ihre Ansicht?
2. Die Zusammenstellung von Gegenständen aus verschiedenen Bereichen des Lebens und Erlebens, die für die moderne Lyrik typisch ist, finden wir am markantesten in der sechzehnten Zeile. Der Mohn ist ein altes Bild für das Vergessen; was könnte man sich unter Kirschen und Nasenbluten in übertragener Bedeutung denken?
3. Was ist die inhaltliche Rechtfertigung der Trauer, die durch das Streuen von Asche auf Geranien bildlich dargestellt wird?
4. Wo finden wir, daß die Katze wirkliche Askese vorschreibt, und wo verlangt sie eigentlich etwas Anderes? Ist Askese hier etwas Positives oder etwas Negatives?
5. Beschreiben Sie den Vers genau! Welche Strophe hat eine Zeile weniger? Welche Strophe hat die meisten fünfhebigen Zeilen? Welche Strophe hat nur vierhebige Zeilen?

die **Oberstufe, –n** *last three years of German high school (twelfth grade plus first two years of college)*

1 die **Ode**[1]; der **Fahrplan, ¨-e** train schedule
2 **auf-rollen** to unroll
3) **wachsam** vigilant, alert

5 **schlagen u a (ä)** to hit, *here:* nail; der **Neinsager, –** negativist, critic
6 die **Zinke, –n** pointed mark; **unerkannt** incognito
7 das **Viertel, –** district; der **Paß, ¨-sse** passport
8 **sich verstehen* auf** to be good at; der **Verrat** treachery, betrayal

10 die **Enzyklika, –en** encyclical; das **Feueranzünden** lighting fires
11 **ein-wickeln** to wrap up
12 **wehrlos** defenseless; die **Wut** fury
13 **blasen ie a (ä)** to blow
14 **tödlich** lethal; **mahlen** to grind

A1 **an der Macht** in power

A3 **wozu** for what purpose

A5 **sonst noch** in addition, otherwise

B2 **ein-treten* für** to take the side of; **unterdrücken** to oppress

Hans Magnus Enzensberger

(1929–   )

INS LESEBUCH FÜR DIE OBERSTUFE

lies keine oden, mein sohn, lies die fahrpläne:
sie sind genauer. roll die seekarten auf,
eh es zu spät ist. sei wachsam, sing nicht.
der tag kommt, wo sie wieder listen ans tor
5 schlagen und malen den neinsagern auf die brust
zinken. lern unerkannt gehn, lern mehr als ich:
das viertel wechseln, den paß, das gesicht.
versteh dich auf den kleinen verrat,
die tägliche schmutzige rettung. nützlich
10 sind die enzykliken zum feueranzünden,
die manifeste: butter einzuwickeln und salz
für die wehrlosen. wut und geduld sind nötig,
in die lungen der macht zu blasen
den feinen tödlichen staub, gemahlen
15 von denen, die viel gelernt haben,
die genau sind, von dir.

Fragen

A.
1. Bezieht sich „sie" in der vierten Zeile wohl auf die Nazis, die Deutschen überhaupt, oder auf die Menschen, die an der Macht sind?
2. Womit vergleicht der Dichter den kleinen Verrat?
3. Wozu sind Manifeste nützlich?
4. Was soll man in die Lungen der Macht blasen und warum?
5. Nur wenn der Sohn genau ist und viel gelernt hat, kann er gegen die Macht kämpfen. Wo kommen diese Gedanken aus den letzten Zeilen des Gedichts sonst noch vor?

B.
1. Warum soll man Fahrpläne und Seekarten studieren, statt Gedichte lesen?
2. Woher wissen wir, daß Enzensberger für die Unterdrückten eintritt?

HANS MAGNUS ENZENSBERGER

3. Ist das Gedicht optimistisch oder pessimistisch? Begründen Sie Ihre Antwort!
4. Was ist die Wirkung davon, daß der Dichter wichtige Wörter, besonders Objekte, ans Ende des Satzes stellt?
5. Wie wirkt der Gebrauch von Enjambement auf uns?

CHRISTOPH MECKEL

1 **der Herbstmond, –e** harvest moon; **auf-haben** to wear
2 **der Holunder, –** elder; **adieu** good-bye (*French*)

4 **die Akazie, –n** acacia
5 **das Tagebuch, ¨er** diary
6 **die Schneeflocke, –n** snowflake
7 **einstweilen** provisionally

9 **Der Regen meint es gut mit mir** The rain means well with me (*i.e., I get wet, soaked*)
11 **der Pantoffel, –n** slipper
12 **an-haben** to wear; **der Siebenmeilenstiefel, –** seven-league boot
13 **übergehen*** to pass over

A1 **wennlos** without the "wenn"; **der wenn-Satz, ¨e** conditional or temporal clause; **zeitlich** temporal; **auf-fassen** to interpret

B3 **der Anthropomorphismus, Anthropomorphismen** ascription of human characteristics to things not human
B4 **unbefriedigt** dissatisfied

Christoph Meckel

(1935–   )

MITTE OKTOBER

Hat der Herbstmond eine Schlafmütze auf,
vergißt er, dem Holunder adieu zu sagen,
der Wind zieht sich goldene Handschuhe an,
um die letzten Blätter der Akazie
5   in sein Tagebuch zu legen;
die erste Schneeflocke zögert noch,
sie läßt sich einstweilen
auf meine Schulter fallen.

Der Regen meint es gut mit mir,
10   er geht auf dem Dach der Welt
in leisen Pantoffeln spazieren,
aber der liebe Gott hat Siebenmeilenstiefel an
und übergeht die Jahre, in denen ich lebe.

Fragen

A.
1. Wir können die erste Zeile des Gedichts als „wennlosen *wenn*-Satz" verstehen. Sollten wir diesen Satz zeitlich oder konditional auffassen? Begründen Sie Ihre Antwort!
2. Warum sagt der Dichter, daß der Wind sich goldene Handschuhe anzieht?
3. Woher wissen wir, daß es kalt ist?
4. Wie regnet es?
5. Wie schildert der Dichter den Herbst?

B.
1. Welche Bilder zeigen uns, daß der Dichter die Natur personifiziert?
2. Personifiziert er nur die Natur?
3. Würden Sie meinen, daß die Personifizierungen der Natur echte Anthropomorphismen oder humoristische Metaphern sind?
4. Was sagt uns, daß die milde Erscheinung des Herbstes den Dichter trotzdem unbefriedigt läßt?
5. Wir finden vor allem drei- und vierhebige Verse. Welcher Vers hat mehr als vier Hebungen, und was ist seine Wirkung?

Notes on Poets
and Bibliographies

The following section contains notes and a bibliography on each of the poets represented in this anthology. In the bibliography, a primary source is cited for the various poems included in the preceding pages, and references to pertinent secondary literature are then listed alphabetically according to author or editor. No attempt has been made to compile an exhaustive bibliography. What is given is intended to serve as an initial aid to those students interested in learning more about the poets whose works are represented in the collection. An effort has been made to keep the entries as brief but as clear as possible. Publishers are listed only for the primary sources. Page numbers are generally omitted in references to books, although in a few cases where they appeared necessary for clarity, they are given. Journal titles are abbreviated according to the standards adopted by the Modern Language Association of America. Entries preceded by an asterisk contain comments on or full interpretations of poems included in the anthology. Articles or books treating two or more of the poets represented are cited only once, but cross-references are given.

INGEBORG BACHMANN
Born June 25, 1926, in Klagenfurt
Lives in Rome

An accomplished artist, Ingeborg Bachmann belongs to the generation which saw a world collapse after Hitler's "Anschluss" came to Austria, a generation which lived through World War II and its aftermath. At the University of Vienna she wrote her dissertation on "Die kritische Aufnahme der Existenzphilosophie Martin Heideggers." Thus it is not surprising that many of her poetic metaphors have existentialist connotations. She views modern man pessimistically as cold and heartless, and often uses such images as coldness, darkness, and noise followed by deathly silence to describe our age. Her vocabulary is carefully chosen to convey, beneath a superficial realism, a haunting sense of the unreal, the surrealistic. Man is separated from reality through his alienation and guilt, from his fellowman through his hypocrisy and the unreality of his love, and from his homeland through his restlessness and his inability to give of himself. This is a poetry which is wholly intellectual and unsentimental.

Text in *Anrufung des großen Bären*. München: R. Piper, 1956.

LITERATURE:

Günter Blöcker. "Nur die Bilder bleiben," *Merkur*, XV (1961), 882–886.

Hans Daibler. "Ingeborg Bachmann," in *Schriftsteller der Gegenwart*, hrsg. v. Klaus Nonnenmann. Olten und Freiburg im Breisgau, 1963.

Hans Egon Holthusen. "Kämpfender Sprachgeist: Die Lyrik Ingeborg Bachmanns," in *Das Schöne und das Wahre. Neue Studien zur modernen Literatur*. München, 1958.

Joachim Kaiser, *et al. Ingeborg Bachmann: Eine Einführung*. München, 1963.

*Herbert Lehnert. "Provokation, Predigtstruktur und Spielraum; Claudius' *Abendlied* und Beispiele aus der expressionistischen und zeitgenössischen Lyrik," in *Struktur und Sprachmagie*, Stuttgart, 1966.

James K. Lyon. "The Poetry of Ingeborg Bachmann: A Primeval Impulse in the Modern Wasteland," *GL&L*, XVII (1963–64), 206–215.

Kurt Oppens. "Gesang und Magie im Zeitalter des Steins: Zur Dichtung Ingeborg Bachmanns und Paul Celans," *Merkur*, XVII (1963), 175–193.

George C. Schoolfield. "Ingeborg Bachmann," in *Essays on Contemporary German Literature*, ed. Brian Keith-Smith, Philadelphia, 1966.

Ernst Schönewiese. "Die österreichische Lyrikerin Ingeborg Bachmann," *WZ*, IV (1958), iii, 33–36.

GOTTFRIED BENN
Born May 2, 1886, in Mansfeld
Died July 17, 1956, in Berlin

Gottfried Benn is the poet's poet. He was a physician and political conservative, for a short time a Nazi, who weathered the Second World War as an army officer, and at no time devoted himself solely to literature. In Benn's work one can see various phases. At one time he is concerned with the phenomena of ugliness and disease, at another with a primeval South Sea paradise, at still another with the disintegration and demolition of the intellect *and* with the absolute priority and power of the intellect. Paralleling his ever-changing choice of theme material, Benn runs the gamut of poetic form, from free verse to folksong to church hymn strophes. One has at all times to bear in mind that Benn's poetry is a monologue written without an audience in mind, written ostensibly for "das absolute Ich" and not in an effort to communicate. He writes for the sake of writing, creates form for the sake of form, and considers meaning to be of secondary importance. And yet with apparent disregard for meaning, Benn writes some of the truly philosophical poems of this century. Although he scorned poetry as communication and expression, Benn's poetry communicates and expresses.

Text in *Gesammelte Werke,* hrsg. v. Dieter Wellershoff. 4 Bde. Wiesbaden: Limes Verlag, 1959–61.

LITERATURE:

E. Buddeberg. *Studien zur lyrischen Sprache Gottfried Benns.* Düsseldorf, 1964.

*Hunter G. Hannum. "George and Benn: The Autumnal Vision," *PMLA* (1963), 271–279.

Walther Killy. "Der Tränen nächtige Bilder: Trakl und Benn," in *Wandlungen des lyrischen Bildes.* Göttingen, 1964.

*Günther Klemm. *Gottfried Benn.* In *Schriftenreihe Dichtung und Deutung,* Heft 6. Wuppertal-Barmen, 1958.

*Herbert Lehnert. "Landschaft und das Gegenglück. Struktur und Aussage: Benn, *Einsamer nie —,*" in *Struktur und Sprachmagie.* Stuttgart, 1966.

Ferdinand Lion. "Exkurs über Gottfried Benn," in *Deutsche Literatur im 20. Jahrhundert,* hrsg. v. Otto Mann und Wolfgang Rothe. Bern und München, 1967.
*Edgar Lohner. *Passion und Intellekt. Die Lyrik Gottfried Benns.* Berlin, 1961.
Helmut Uhlig. "Gottfried Benn," in *Expressionismus. Gestalten einer literarischen Bewegung,* hrsg. v. Hermann Friedmann und Otto Mann. Heidelberg, 1956.

RAINER BRAMBACH
Born January 22, 1917, in Basel
Lives in Basel

Rainer Brambach, who has been variously employed as a painter, a farmhand, and a stonemason, came to free-lance writing via advertising. His poetry, not avant-gardist yet not traditional either, is suffused with a gentle lyricism that manages to retain strength and force. It is stripped of all nonessentials, and thus evokes more than it says directly. Although his lyrical output is slim, his poems have been translated into eight languages, an indication of his wide appeal.

Text in *Jahresring,* 65/66, hrsg. v. Kulturkreis im Bundesverband der deutschen Industrie und bearbeitet von Rudolf de le Roi, Hans Bonder, Eduard Trier. Stuttgart: Deutsche Verlags-Anstalt, 1965.

BERTOLT BRECHT
Born February 10, 1898, in Augsburg
Died August 14, 1956, in Berlin

Although Bertolt Brecht is best known as a dramatist, more and more critics are beginning to rank his poems as highly as his dramas. In his dramatic as well as in his poetic output, he usually tries to combine literature with politics. His hatred is primarily directed against war, the roots of which he sees in capitalistic society. According to Brecht, in our society virtue is rewarded with despair and death; ergo—society must be changed. In all his poetry, ranging in form from love lyrics to satires of sentimental poems, from visions of destruction to Kipling-style ballads, from coolly stylized poems to objective social commentaries, Brecht employs his alienation technique (*Verfremdungseffekt*). He makes us evaluate what we see, surprises us, warns us, prevents us from accepting things as they are. In his later poems, he employs a lapidary style, modelled in part on Oriental poetry. As he repeatedly states, he writes poetry to scourge the bad and please the good, to lead men to change for the better. What keeps his didactic works from being mere moralistic tracts is the freshness of Brecht's perspective and the cutting edge of his dialectic.

Text in *Gedichte*. 9 Bde. Frankfurt a. M.: Suhrkamp, 1960–61.

LITERATURE:

*Ronald Gray. *An Introduction to German Poetry*. Cambridge, 1965.

Reinhold Grimm. *Bertolt Brecht*. Stuttgart, 1963.

*Volker Klotz. *Bertolt Brecht: Versuch über das Werk*. Darmstadt, stadt, 1957.

Josef Mühlberger. "Bert Brecht als Lyriker," *WuW*, XI (1956), 308–310.

Walter Muschg. "Der Lyriker Bertolt Brecht," in *Von Trakl zu Brecht. Dichter des Expressionismus*. München, 1961.

Johannes Pfeiffer. "Über den Lyriker Bertolt Brecht," *Sammlung*, XIII (1958), 225–234.

*Albrecht Schöne. "Bertolt Brecht: 'Erinnerung an die Marie A.',"
in *Die deutsche Lyrik*, hrsg. v. Benno von Wiese. 2 Bde. Düsseldorf, 1957.

CLEMENS BRENTANO
Born September 8, 1778, in Ehrenbreitstein
Died July 28, 1842, in Aschaffenburg

Clemens Brentano, the son of Maximiliane Laroche Brentano who had once charmed the young Goethe, is the great magician among German poets. In his verse he conjures up a Romantic landscape of

NOTES ON POETS AND BIBLIOGRAPHIES

gently murmuring brooks and softly playing shadows, of faintly echoing flutes and dimly glistening waterfalls. The very soul of the Romantic night is caught in his poetry, its thousand voices are evoked in a poem like "Wiegenlied." Much of Brentano's poetry cannot be understood solely by the intellect and its pedestrian logic. But if we submit to the music of his sound patterns and his rhythm, we are able to partake of and thrill to the complex harmony of his verse.

Text in *Brentanos Werke,* hrsg. v. Max Preitz. 3 Bde. Leipzig: Bibliographisches Institut, 1914.

LITERATURE:

*Bernhard Blume. "Murmeln, flüstern, rieseln. Zur Entstehung von Clemens Brentanos 'Wiegenlied'," *MLN,* LXXV (1960), 596–602.

Hans Magnus Enzensberger. *Brentanos Poetik.* In *Schriftenreihe Literatur als Kunst,* hrsg. v. Kurt May und Walter Höllerer. München, 1961.

*Wolfgang Kayser. *Das sprachliche Kunstwerk.* 11. Aufl. Bern und München, 1965, pp. 255–257.

The same treatment of "Wiegenlied" also appears in Kayser's *Kleine deutsche Versschule.* 10. Aufl. Bern und München, 1964, pp. 108–111.

*Albrecht Schöne. "Clemens Brentano: 'Abendständchen'," in *Die deutsche Lyrik,* hrsg. v. Benno von Wiese. 2 Bde. Düsseldorf, 1957.

PAUL CELAN
Born November 20, 1920, in Czernowitz
Lives in Paris

Paul Celan is in many ways an outsider, for although his poems show much that is reminiscent of Hölderlin and Trakl, his strongest influences seem to have been his Rumanian background and Jewish tradition. Both his parents were killed in a German concentration camp, and this may account for the fact that his universally acclaimed "Todesfuge" is more directly understandable than much of

202

his other poetry. His surrealistic poems utilize symbols full of darkness and despair; Old Testament allusions combine with startling, unexpected images. Among the frequently recurring images in "Todesfuge," blackness and hair are perhaps the most significant. In Celan's early poems, black is connected with antediluvian sacrifice and in quite a number of poems, hair is mentioned with a sexual connotation. In his later poetry the rich and surging rhythms and the brooding images give way to a sparse style and colder moods, but an eerie beauty persists. Although Celan has never lived in Germany (he studied before the war in Paris and now teaches language there), he is one of the outstanding contemporary poets writing in German.

Text in *Mohn und Gedächtnis.* 6. Aufl. Stuttgart: Deutsche Verlags-Anstalt, 1963.

LITERATURE:

Beda Allemann. "Paul Celan," in *Schriftsteller der Gegenwart,* hrsg. v. Klaus Nonnenmann. Olten und Freiburg im Breisgau, 1963.

*L. L. Duroche. "Paul Celan's 'Todesfuge': A New Interpretation," *MLN,* LXXXII (1967), 472–477.

*Hans Egon Holthusen. "Fünf junge Lyriker," in *Ja und Nein. Neue kritische Versuche.* München, 1954.

*Dieter P. Lotze. "Zu Celans 'Todesfuge' im Mittelstufenunterricht," *Die Unterrichtspraxis,* I (1968), 70–76.

James K. Lyon. "The Poetry of Paul Celan. An Approach," *GR,* XXXIX 1964), 50–67.

*Peter Seidensticker und Wolfgang Butzlaff. "Zwei Bemühungen um ein Gedicht: Paul Celan, "Todesfuge'," *DU,* XII (1960), iii, 34–51.

See also Lehnert under Bachmann.

GÜNTER EICH

Born February 1, 1907, in Lebus

Lives in Lenggries, Bavaria

In 1950 Günter Eich received the prize of the "Gruppe 47." This loosely organized circle of German writers was founded in 1947 as an informal discussion group dedicated to searching for new values in a world in which the old values have become meaningless. In his poetry, Günter Eich is able to express the ambivalence of twentieth-century man, this oscillation between doubting and believing, between clinging to sham values and longing for genuineness. In Eich's work, which consists of poetry and radio plays, dream and reality are often closely interwoven. Eich strives for a maximum of effect from a minimum of expression, stripping his language of the sentimental and enthusiastic words so misused during the Third Reich. Eich, who studied law and Oriental languages, was held prisoner of war by the Americans during World War II. He is married to the Austrian writer Ilse Aichinger.

Text in *Träume; vier Spiele*. Frankfurt a. M.: Suhrkamp, 1964.

LITERATURE:
Hans Hennecke. "Über Günter Eich und Karl Krolow," *WuW*, XIV (1959), 107–108.
Egbert Krispyn. "Günter Eich and the Birds," *GQ*, XXXVII (1964), 246–256.
————. "Günter Eichs Lyrik bis 1964," *GQ*, XL (1967), 320–338.
Josef Mühlberger. "Günter Eichs Lyrik," *WuW*, XI (1956), 7–8.

JOSEPH VON EICHENDORFF
Born March 10, 1788, in the castle of Lubowitz near Ratibor
Died November 26, 1857, in Neisse

Eichendorff, the son of an army officer, grew up in his mother's ancestral castle. The flowering meadows and rustling trees surrounding this homestead awakened in the boy a love for nature which is reflected in the mature work of the poet. Indeed, one could say that love of nature, love of his Silesian homeland, and love of God are the main themes of the poet's lyrics. During his studies in Heidelberg, Eichendorff was strongly influenced by fellow students who shared his love of nature and who introduced him to the folk poetry and tales so esteemed by the German Romantic poets and thinkers. Many of Eichendorff's poems have become popularly accepted as folksongs—e.g., "Das zerbrochene Ringlein." Yet we must beware of thinking of him as a "simple" poet. Rather, it is his particular genius to be able to express the deepest thoughts and the most stirring secrets of the human soul in simple language.

Text in *Werke und Schriften. Neue Gesamtausgabe,* hrsg. v. Gerhart Baumann in Verbindung mit Siegfried Grosse. 4 Bde. Stuttgart: Cotta, 1957–58.

LITERATURE:

*Rudolf Haller. *Eichendorffs Balladenwerk.* Bern und München, 1962.

Erich Hock. "Eichendorffs Dichtertum," *WW,* VIII (1958), 155–166.

*Rudolf Ibel. *Weltschau deutscher Dichter: Novalis, Eichendorff, Mörike, Droste-Hülshoff.* Frankfurt a. M., n. d. [1959?].

*Wolfgang Kron. "Zur Überlieferung und Entstehung von Eichendorffs Romanze 'Das zerbrochene Ringlein'," in *Unterscheidung und Bewahrung. Festschrift für Hermann Kunisch zum 60. Geburtstag, 27. Oktober 1961.* Berlin, 1961.

Horst Rüdiger. "Zu Eichendorffs lyrischem Stil," in *Eichendorff heute. Stimmen der Forschung mit einer Bibliographie,* hrsg. v. Paul Stöcklein. München, 1960.

HANS MAGNUS ENZENSBERGER
Born November 11, 1929, in Kaufbeuren
Lives in Berlin

Hans Magnus Enzensberger, whose doctoral dissertation was a study of Brentano's poetics, exhibits a consummate command of the poetic vocabulary of our age, which is frequently an ironic mosaic of the banal and the exotic, of technical jargon and artfully simple colloquial speech, intermingled with vivid metaphors from all ages and literatures *and* the philistine stiltedness of bureaucratic terminology. His sure and conscious control of rhetorical technique enables him to mold his disparate material into a powerful critique of Germany, especially its war guilt and its postwar bourgeois complacency. As a poet *engagé,* he considers it the writer's duty to point out the shortcomings of our technical and bureaucratic world, and he shares Brecht's view that man and society should be capable of change—although he often doubts that they are. His pessimism has not only worked itself out in the sardonic tone of his poetry but also led at one time to a self-imposed exile. In his love-hate of

Germany, his poetic attitude, and his exile, he resembles Heine, Nietzsche, and Brecht.

Text in *Verteidigung der wölfe*. Frankfurt a. M.: Suhrkamp, 1957.

LITERATURE:

Kurt Oppens. "Pessimistischer Deismus: Zur Dichtung Hans Magnus Enzensbergers," *Merkur,* XVII (1963), 786–794.

Dieter Schlenstedt. "Aufschrei und Unbehagen: Notizen zur Problematik eines westdeutschen Lyrikers," *Neue deutsche Literatur,* IX (1961), vi, 110–127.

*Hans Schwab-Delisch. "Hans Magnus Enzensberger," in *Schriftsteller der Gegenwart,* hrsg. v. Klaus Nonnenmann. Olten und Freiburg im Breisgau, 1963.

*Franz Stroh. "Hans Magnus Enzensberger: Kritiker und Poet," *M Spr,* LVI (1962), 291–296.

Werner Weber. Nachwort zu *Hans Magnus Enzensberger. Gedichte.* Edition Suhrkamp. Frankfurt a. M., 1965.

STEFAN GEORGE
Born July 12, 1868, in Büdesheim
Died December 4, 1933, in Minusio

When Stefan George set out on his memorable quest for a new purity and perfection of form in poetry, the literary world was preoccupied with the widespread movement known as naturalism. Depicting the poor, the illiterate, the physically and mentally ill in their works, naturalists paid little heed to form. George ignored this popular concern with social reform, preferring to embrace the French Symbolist's concept of art for art's sake. To keep the common people away from his esoteric poetry, he employed his own system of punctuation, wrote nouns in lower case, and used recondite and archaic words. He attracted a circle of highly cultured devotees who shared his lofty concept of the poet as prophet and seer; their relationship to him was that of disciple to master. Many of George's poems are set in an autumnal landscape, which however is not Goethe's "freie Natur," but a park—sometimes serving as a symbolic image of order. Just as the gardener transforms nature into a cultivated landscape, so the poet in a priest-like function bestows order upon our existence.

Text in *Werke. Ausgabe in zwei Bänden.* München und Düsseldorf: Küpper, 1958.

LITERATURE:

*Leni Asbeck-Stausberg. *Stefan George. Werk und Gestalt.* Warendorf, Westfalen, 1951.

*E. K. Bennett. *Stefan George.* In the series *Studies in Modern European Literature and Thought,* gen. ed. Erich Heller. New Haven, 1954.

*C. S. Brown. "Stefan George: 'Der Herr der Insel'," in *The Poem Itself,* ed. Stanley Burnshaw. New York, 1960.

*Ulrich K. Goldsmith. *Stefan George: A Study of His Early Work.* In University of Colorado Studies, *Series in Language and Literature,* No. 7. Boulder, 1959.

Kurt Hildebrant. *Das Werk Stefan Georges.* Hamburg, 1960.

Johannes Klein. "Stefan George," in *Deutsche Literatur im 20. Jahrhundert,* hrsg. v. Otto Mann und Wolfgang Rothe. Bern und München, 1967.

*Ernst Morwitz. *Kommentar zu dem Werk Stefan Georges.* München und Düsseldorf, 1960.

*Johannes Pfeiffer. Über fünf Gedichte von Stefan George," in *Über das Dichterische und den Dichter; Beiträge zum Verständnis deutscher Dichtung.* 2. Aufl. Hamburg, 1956.

*S. S. Prawer. *German Lyric Poetry.* London, 1952.

See also Hannum under Benn.

JOHANN WOLFGANG VON GOETHE

Born August 28, 1749, in Frankfurt a. M.

Died March 22, 1832, in Weimar

When Napoleon met Goethe in 1808, he said, "Voilà un homme." With these words he expressed what is felt by many, namely that Goethe's universal genius is perhaps surpassed by his shining humanity. Both are revealed in his gigantic œuvre, which encompasses all the literary genres, philosophy, and the natural sciences. Goethe called his poetic works "Bruchstücke einer großen Konfession" (fragments of a great confession). By that he meant that not only art and ideas, but life itself furnished him with inspiration for his writings. Goethe believed in the unity of God and nature, nature and man. This harmonious view of the universe is apparent not only in the temperateness of the older Goethe, but even in the exuberance of the youthful writer who created poems like "Maifest." He is the immortal master of the German word, who through the inexhaustible riches of his poetry gave mankind refreshment, joy, beauty, truth, and an amplification of experience.

Text in *Goethes Werke*. 15 Bde. Hamburg: C. Wegner, 1961–64.

LITERATURE:

*James Boyd. *Notes to Goethe's Poems*. Vol. I (1749–1786). Oxford, 1944.

*Ronald Gray. *Poems of Goethe*. Cambridge, 1966.

Hermann Grimm. *Das Leben Goethes*. Stuttgart, 1959.

Henry Hatfield. *Goethe*. Norfolk, Conn., 1963.

*Wilhelm Heiske. "Johann Wolfgang Goethe: 'Erlkönig'," and "Johann Wolfgang Goethe: 'Der Fischer'," in *Die deutsche Ballade,* hrsg. v. Kurt Bräutigam. Frankfurt a. M., 1963.

*John Hennig. "Perception and Deception in Goethe's 'Erlkönig' and its Sources," *MLQ*, XVII (1956), 227–235.

*H. G. Heun. "Goethes 'Erlkönig' und Scotts 'Erl-King'," *Goethe*, XI (1949), 155–164.

*Rupert Hirschenauer und Albrecht Weber, Hrsg. *Wege zum Gedicht*. 2 Bde. München und Zürich, 1956, 1964.

*Erich Hock. "Der künstlerische Aufbau von Goethes 'Erlkönig'," *Zeitschrift für Deutschkunde,* LI (1937), 195–199.

*Peter Horn. "Goethe's 'Erlkönig'," *Journal of Secondary Education* (Waterkloof, Pretoria), XLIII (1965), ii, 14–19.

*Oskar Jancke. "Das dichterische Kunstwerk als Sprachwerk," *DU*, II (1950), iv, 49–62.

Wolfgang Kayser. *Kunst und Spiel: Fünf Goethe Studien*. Göttingen, 1961.

*Max Kommerell. "Goethes Balladen," and "Versuch eines Schemas zu Goethes Gedichten," in *Gedanken über Gedichte*. 2. Aufl. Frankfurt a. M., 1956.

*H. A. Korff, Hrsg. *Goethe im Bildwandel seiner Lyrik*. 2 Bde. Leipzig, 1958.

*Werner Kraft. "Über allen Gipfeln," in *Wort und Gedanke*. Bern und München, 1959.

*Herbert Lehnert. "Spiel zwischen Prosa und Vers. Grenzsituationen: Rilke, *An der sonngewohnten Straße...;* August Stramm,

Begegnung; Patrouille; Trakl, *Klage;* Goethe, *Wanderers Nacht-lied II,"* in *Struktur und Sprachmagie.* Stuttgart, 1966.

*L. Liegler. "Goethes 'Wanderers Nachtlied', eine Analyse," *Literarische Welt* (Wien), I (1946–47), 293–299.

————. "Formanalyse von Goethes 'Fischer'," *Plan,* I (1945–46), 105–109.

Thomas Mann. *Freud, Goethe, Wagner.* New York, 1937.

*R. Matthei. *Wie herrlich leuchtet mir die Natur. Vom Naturgefühl des jungen Goethe.* Kevelaer, Rheinland, 1949.

*U. Pretzel. "Interpretationen Goethescher Verskunst," in *Beiträge zur deutschen und nordischen Literatur. Festgabe für Leopold Magon zum 70. Geburtstag,* hrsg. v. Hans Werner Seiffert. Berlin, 1958.

*Emil Staiger. *Goethe.* 3 Bde. Zürich und Freiburg im Breisgau, 1957.

*————. "Lyrik und lyrisch," *DU,* IV (1952), ii, 5–12.

*————. "Goethes 'Mailied' (1771)," *Hamburger akademische Rundschau,* III (1948–50), 601–607.

*L. A. Triebel. "Goethe: The Lyric Poet," *Canadian Modern Language Review,* XVIII (1961–62), 28–32.

*Erich Trunz. "Goethes lyrische Kurzgedichte 1771–1832," *Goethe* XXVI (1964), 1–37.

Frederick Ungar, ed. *Goethe's World View.* New York, 1963.

*J. Wiegand. *Zur lyrischen Kunst Walthers, Klopstocks und Goethes.* Tübingen, 1956.

*Elizabeth M. Wilkinson. "Goethe's Poetry," *GL&L,* N. S. II (1948–49), 316–329.

GÜNTER GRASS

Born October 16, 1927, in Danzig

Lives in Berlin

Günter Grass, novelist, poet, dramatist, sculptor, painter, and social critic, is an influential force in German political and intellectual life. He became famous in 1959 with the appearance of his novel *Die Blechtrommel* (*The Tin Drum*). In his works, he attacks Nazi Germany as the sin, not just of reactionary circles, but of the whole German nation. He believes, as do Eich and Enzensberger, for example, that the obligation of the writer goes beyond the poetic world, that he must be socially and politically active and also project these interests in his works. Unlike many writers of the twenties and thirties, he has little hope that man will change when shown the evils of society. Being human, man is foolish and life is absurd. The world that Grass creates is grotesque and terrible, and we recognize it as our own only with fear and trembling.

Text in *Gleisdreieck*. Darmstadt: Luchterhand, 1960.

LITERATURE:

Günter Grass. "Der Inhalt als Widerstand," *Akzente*, IV (1957), 229–235.

*Erika Metzger-Hirt. "Günter Grass 'Askese': Eine Interpretation," *Monatshefte*, LVII (1965), 283–290.

HEINRICH HEINE
Born December 13, 1797, in Düsseldorf
Died February 17, 1856, in Paris

Few authors have been more controversial than Heine, the first Jew and the first city-dweller among German poets to attain world renown. He became a convert to Christianity, an act he ironically called his "Entrébillet (admission ticket) zur europäischen Kultur." Irony, sarcasm, and a witty turn of phrase are used deliberately by this latecomer to Romanticism to transform idyllic poems into bittersweet jests. Heine, for a large part of his life exiled to France, was the center of attention in the literary salons of Paris, where he reveled in being able to fascinate and ridicule, to have at his fingertips seductively melodious quatrains and offensively satirical pronouncements. Toward the end of his life, for more than ten years, Heine was bound to his sickbed, his *Matratzengruft* (mattress grave). Some of his greatest poems were written during this period of suffering. The music of his language was now no longer disturbed by parodistic overtones, and the ironic play with words gave way to a clarity of diction, revealing a human greatness and an indomitable spirit despite suffering.

Text in *Sämtliche Werke,* hrsg, v. Ernst Elster. 7 Bde. Leipzig und Wien: Biographisches Institut, 1890.

LITERATURE:
*Werner Kraft. "Ein Lied von Heine," in *Augenblicke der Dichtung. Kritische Betrachtungen.* München, 1964.
A. C. Landor. "The Poetry of Heinrich Heine," *GL&L,* N. S. IV (1950–51), 72–75.
*Werner Weber. "Heinrich Heine: 'Die Grenadiere'," in *Wege zum Gedicht,* hrsg. v. Rupert Hirschenauer und Albrecht Weber. Bd. 2: *Interpretationen von Balladen.* München und Zürich, 1964.

HERMANN HESSE
Born July 2, 1877, in Calw
Died August 9, 1962, in Montagnola

Hermann Hesse's poetry is firmly anchored in the Romantic tradition of German literature. He constantly returns to Romantic themes: closeness to nature, dreams, and sadness at the passing of youth, beauty, and time. He creates moods more often than he expresses thoughts. In form and language too his poetry preserves tradition rather than reaches for new frontiers. Although somewhat limited in range, Hesse's poetry is admired by many for its melodiousness and rhythm, as well as its heartfelt sincerity and romantic fervor. Occasionally, in his later poems, Hesse reaches a density of expression which has been compared to that of Goethe. In 1946 he was awarded the Nobel prize for literature.

Text in *Gesammelte Dichtungen.* 7 Bde. Frankfurt a. M.: Suhrkamp, 1952–57.

LITERATURE:
Paul Böckmann. "Hermann Hesse," in *Deutsche Literatur im 20. Jahrhundert,* hrsg. v. Otto Mann und Wolfgang Rothe. Bern und München, 1967.
Eberhard Hilscher. "Der Lyriker Hermann Hesse," *Neue deutsche Literatur,* IV (1956), ix, 109–118.
Joseph Mileck. "The Poetry of Hermann Hesse," *Monatshefte,* XLVI (1954), 192–198.

HUGO VON HOFMANNSTHAL
Born February 1, 1874, in Vienna
Died July 5, 1929, in Rodaun near Vienna

Hugo von Hofmannsthal's poetry is as delicate and softly beautiful as any written in the German language. When he was but a sixteen-year-old high school student Hofmannsthal's first poems and essays were published under the pseudonym "Loris" or "Loris Melikow" in a periodical of his native Vienna. These first attempts employ either the form of the sonnet or of the Oriental ghazal, and they testify to an amazing mastery of form as well as a distinctive lyrical tone. That Hofmannsthal was heir to an old culture is evident in his later lyrical dramas and the libretti he wrote for Richard Strauss's operas. While making preparations for the funeral of his oldest son, who had committed suicide, Hofmannsthal suffered a stroke and died. According to his wishes, he was buried in a monk's habit in a chapel of Rodaun.

Text in *Gedichte.* 51. bis 57. Tausend. Wiesbaden: Insel, 1959.

LITERATURE:

H. A. Hammelmann. *Hugo von Hofmannsthal.* In series *Studies in Modern European Literature and Thought,* gen. ed. Erich Heller. New Haven, 1957.

*Andrew O. Jaszi. "Expression and Life in Hugo von Hofmannsthal's 'Die Beiden'," *GQ,* XXVI (1953), 154–159.

Walter Muschg. "Trakl und Hofmannsthal," in *Von Trakl zu Brecht. Dichter des Expressionismus.* München, 1961.

Paul Requadt. "Hugo von Hofmannsthal," in *Deutsche Literatur im 20. Jahrhundert,* hrsg. v. Otto Mann und Wolfgang Rothe. Bern und München, 1967.

*Wilhelm Schneider. *Liebe zum deutschen Gedicht.* Freiburg im Breisgau, 1952.

G. Wunberg, Hrsg. *Der frühe Hofmannsthal. Schizophrenie als dichterische Struktur.* Stuttgart, 1965.

FRIEDRICH HÖLDERLIN
Born March 20, 1770, in Lauffen on the Neckar
Died June 7, 1843, in Tübingen

Friedrich Hölderlin's poetic genius was not immediately appreciated. Some of his contemporaries, for example, Schiller, Mörike, Clemens Brentano, and Brentano's sister Bettina regarded him highly, to be sure; they did not, however, fully comprehend his genius. Only in our century has he come to be considered one of the truly great German poets. Such twentieth-century poets as Rilke and Trakl were influenced by Hölderlin's poetry, which appeals neither to the emotion nor to the intellect, but rather recreates a world of myth in which the poet is prophet and priest. Hölderlin had just six years in which to create his mature work, for his last forty years were spent in insanity. In his mature works, in his odes and metaphysical poems, which are permeated by the classical Greek *Weltanschauung,* his longing for the Dionysian as well as Apollonian elements of life and his essentially elegiac view of his age are revealed. "When Hölderlin evokes the Greek gods, or only the names of towns and rivers, these names mean as much to him as they did to the Greeks themselves, and perhaps more . . . he looked upon the gods of Greece as representatives of animated, living forces."† His unusual and difficult style, perhaps influenced in part by Greek word order, does not strike us as an affectation, but rather as a suitable medium for the messages he conveys.

Text in *Sämtliche Werke,* hrsg. v. Friedrich Beißner. 7 Bde. Stuttgart: Cotta, 1946–61.

LITERATURE:
*Wilhelm Blechmann. "Hölderlins 'Hälfte des Lebens' im Unterricht," *WW,* II (1951–52), 103–106.
*Hans J. Geerdts. "Zu Hölderlins Gedicht 'Hälfte des Lebens'," *Wissenschaftliche Zeitschrift der Universität Greifswald,* XI (1962), 339–343.

† Michael Hamburger, *Hölderlin: His Poems translated with a Critical Study* (London, 2nd ed., [1952] n.d.), p. 88.

NOTES ON POETS AND BIBLIOGRAPHIES

*Ronald D. Gray. *An Introduction to German Poetry*. Cambridge, 1965.

*H. E. Hugo. "Friedrich Hölderlin: 'An die Parzen'," in *The Poem Itself*, ed. Stanley Burnshaw. New York, 1960.

*Marie Louise Kaschnitz. "Friedrich Hölderlin: 'Hälfte des Lebens'," in *Mein Gedicht. Begegnungen mit deutscher Lyrik*, hrsg. v. Dieter E. Zimmer. Wiesbaden, 1961.

*E. L. Kerkhoff. "Friedrich Hölderlins 'Hälfte des Lebens'," *Neophil*, XXXV (1951), 94–107.

Max Kommerell. "Hölderlins Hymnen in freien Rhythmen," in *Gedanken über Gedichte*. 2. Aufl. Frankfurt a. M., 1956.

*Hermann Pongs. *Das Bild in der Dichtung*. 2. Aufl. 2 Bde. Marburg, 1960–63.

*Günther Rosendahl. "Die Behandlung Hölderlinscher Lyrik im deutschen Unterricht," *Zeitschrift für Deutschkunde*, LIII (1939), 89–100.

*Lawrence Ryan. *Friedrich Hölderlin*. Stuttgart, 1962.

*J. Rysy. "Heimkehr zum Wort," *DU*, I (1948–49), vii, 64–75.

L. S. Salzburger. *Hölderlin*. In series *Studies in Modern European Literature and Thought*, gen. ed. Erich Heller. New Haven, 1952.

*Hans Schneider. "Hölderlins 'Hälfte des Lebens'. Ein daseinsanalytischer Versuch," *Monatsschrift für Psychiatrie und Neurologie*, CXI (1946), 292–301.

*Wilhelm Schneider. "Friedrich Hölderlin: 'An die Parzen'," in *Liebe zum deutschen Gedicht*. Freiburg im Breisgau, 1952.

*Ludwig Strauß. "Friedrich Hölderlin: 'Hälfte des Lebens'," in *Ludwig Strauß. Dichtungen und Schriften*, hrsg. v. Werner Kraft. München, 1963.

*Elizabeth Wilkinson. "Group-work in the Interpretation of a Poem by Hölderlin," *GL&L*, N. S. IV (1950–51), 248–260.

HANS EGON HOLTHUSEN
Born April 15, 1913, in Rendsburg
Lives in Munich

Hans Egon Holthusen's experiences in World War II, which he spent as a soldier in Poland, Russia, Rumania, and Hungary, form the backdrop of much of his poetry. However, his disillusionment and frustration, the sense of loss and of horror do not culminate in nihilism. On the contrary, for Holthusen, whose father was a clergyman and vigorously opposed to the ideology of the Third Reich, Christian ideals seem to give steadiness to the self. Holthusen's lyric style shows the influence of Rilke, about whom he has written, of Benn and of T. S. Eliot, but his themes are more directly contemporary than any of these poets. He is prominent in postwar German intellectual life both as a thinker and a personality, and those who know him are impressed with his vast knowledge in many fields and his brilliance as an essayist.

Text in *Hier in der Zeit*. München: R. Piper, 1949.

LITERATURE:

Richard Exner. "Hans Egon Holthusen: Überwindung des Pessimismus?" *Monatshefte,* XLVII (1955), 159–167.

H. de Haas, "Hans Egon Holthusens Lyrik," *Merkur,* V (1951), 776–787.

Erich Hock. "Zeitgenössische Lyrik im Unterricht der Oberstufe. Maris-Luise Kaschnitz und Hans Egon Holthusen," *WW,* Sammelband IV (1962), 207–214.

MARIE LUISE KASCHNITZ
Born January 31, 1901, in Karlsruhe
Lives in Frankfurt

Marie Luise Kaschnitz became known after World War II as a writer sensitive to the needs and aware of the anguish of twentieth-century man. Although she published novels, stories, and essays, her talent is primarily lyrical. Before the death of her husband, the archaeologist Guido Kaschnitz-Weinberg, she accompanied him on many study trips through Italy, Greece, North Africa, and Turkey, and for a time resided in Rome. With her poem "Genazzano" she is one of three German authors (the other two are Gottfried Benn and Karl Krolow) represented in Hugo Friedrich's *Die Struktur der modernen Lyrik,* an authoritative study of the development of modern poetry by the French Symbolists. While painfully conscious of the rootlessness and the threat of loss of identity of modern man,

Kaschnitz's arresting poetical images do not call forth despair alone. Even the agonizing is transmuted into the acceptable by the power of her lyrical intensity.

Text in *Überallnie. Ausgewählte Gedichte*. Hamburg: Classen, 1965.

LITERATURE:

*Heinz Otto Burger. "Von der Struktureinheit klassischer und moderner deutscher Lyrik," in *Evokation und Montage*. Göttingen, 1961.

Karl Krolow. "Nachwort" in *Überallnie* (*see above*), 253–258.

*Rudolf Nikolaus Maier. "Die Tragödie der Ich-Auflösung," in *Das moderne Gedicht*. Düsseldorf, 1959, 1963.

See also Hock under Holthusen.

ERICH KÄSTNER
Born February 23, 1899, in Dresden
Lives in Munich

Erich Kästner is well-known not only for his humorous and satiric novels and children's books, but also for his witty poems, most of which were published in the late 1920's and early 1930's. The foibles of society form the background for Kästner's poems, which are frequently bitterly cynical. He attacks both popular morality and the lack of it and is especially critical of war and government, paralleling in many of his statements the tone of Brecht and the literary and political cabaret from which both Brecht and Kästner learned and to which they both contributed. In spite of his devastating parodies and biting comments, Kästner shows his love of humanity in his concern for its failings, and the sum total of his seemingly pessimistic observations is a considered and realistic optimism.

Text in *Doktor Erich Kästners lyrische Hausapotheke*. Zürich: Atrium, n. d.

LITERATURE:

R. Bossman. "Kästner und Ringelnatz," *WuW*, XII (1957), 235–237.

*Wilhelm Schneider. "Erich Kästner: 'Sachliche Romanze'," in *Liebe zum deutschen Gedicht*. Freiburg im Breisgau, 1952.

FRIEDRICH GOTTLIEB KLOPSTOCK
Born July 2, 1724, in Quedlinburg
Died March 14, 1803, in Hamburg

Friedrich Gottlieb Klopstock saw himself as *poeta vates,* as a seer and priest (as did later Hölderlin and George), and thus his approach to poetry differed from that of the German writers before him. He was the first German poet to consider his primary concern neither instruction nor entertainment, but rather self-expression and exaltation. He became an innovator of German verse by introducing unrhymed hexameters in his *Messias,* a religious epic dealing with the suffering of Christ from the time of his entry into Jerusalem until his ascension. Much of his inspiration came from Milton's *Paradise Lost,* the Bible, and Homer. In his lyrics, Klopstock dwells upon the good and holy in life. He addresses himself to feeling rather than reason. Some of his odes follow the form of classical antiquity, others employ verse with sweeping sentences, giving eloquence, expression, and a new form to the German language. The elegiac lament for those who died young, with a citation of earlier idyllic days, is a traditional classicistic poetic framework, but in "Die frühen Gräber" Klopstock treats it as more than just a conceit, infusing the traditional lament with new fervor.

Text in *Ausgewählte Werke.* 6 Bde. Stuttgart: G. J. Göschen, 1869.

LITERATURE:
Sven V. Langsjoen. "Moral Purpose in Klopstock," *Monatshefte,* LII (1960), 158–162.
Karl Ludwig Schneider. *Klopstock und die Erneuerung der deutschen Dichtersprache im 18. Jahrhundert.* Heidelberg, 1960.
*J. Wiegand. *Zur lyrischen Kunst Walthers, Klopstocks und Goethes.* Tübingen, 1956.

KARL KROLOW

Born March 11, 1915, in Hannover

Lives in Darmstadt

Krolow's early poetry follows the tradition of the modern German nature lyric *à la* Wilhelm Lehmann. The timeless, positive life-forces of nature are experienced as a consolation and help to twentieth-century man, enmeshed in a technical mass society. In later poems surrealistic elements contribute to a growing pessimism. His language, schooled on contemporary French and Spanish poetry, some of which he translated into German, is rich and pliable. Virtuosity of sound, however, is never allowed to obscure the strict, almost mathematical purity of line of his poems, whose design is always expertly carried out. In his poetry, Krolow is able to balance fantastic fairytale moods with a detailed matter-of-factness, thus creating lyrical anecdotes and surrealistic still-lifes of unforgettable intensity.

Text in *Gesammelte Gedichte*. Frankfurt a. M.: Suhrkamp, 1965.

LITERATURE:

Hans Egon Holthusen. "Naturlyrik und Surrealismus. Die lyrischen Errungenschaften Karl Krolows," in *Ja und Nein. Neue kritische Versuche*. München, 1954.

Hans Winfried Sabais. "Karl Krolow," in *Schriftsteller der Gegenwart*, hrsg. v. Klaus Nonnenmann. Olten und Freiburg in Breisgau, 1963.

See also Hennecke under Eich.

WILHELM LEHMANN

Born May 4, 1882, in Puerto Caballo, Venezuela

Died November 16, 1968, in Eckernförde

Wilhelm Lehmann did not publish poetry until he was nearly 50 years old. Perhaps that is why from the beginning his poems displayed a polished mastery and why there is little "development" in his poetic work. He is considered the leading representative of the modern nature lyric. For Lehmann, nature is never a backdrop for or mirror of his moods. Rather, he experiences the continuous change of seasons, the eternal cycle from birth to death, as a metaphor of a cosmic unity in which no detail is too small to deserve attention. Consequently, he never speaks in generalities, but rather with extreme precision. Man is but a part of the unity of all life, which the poet sees also as a unity of time, that is, of the present and the past. In Lehmann's work the realms of nature, myth, and poetic invention become inseparably intertwined. A whole generation of poets, including Eich, Piontek, and Krolow, is indebted to him for his creation of a new realization of nature.

Text in *Sämtliche Werke.* 3 Bde. Gütersloh: S. Mohn, 1962.

LITERATURE:

Curt Hohoff. "Poeta Magus—Wilhelm Lehmann," in *Geist und Ursprung.* München, n. d. [1956?].

Werner Kraft. "Wilhelm Lehmann," in *Wort und Gedanke.* Bern und München, 1959.

Karl Krolow. "Dichtung als Tat des Einzelnen: Zum Werk Wilhelm Lehmanns," *Merkur,* XVII (1963), 486–490.

S. S. Prawer. "The Poetry of Wilhelm Lehmann," *GL&L,* N. S. XV (1961–62), 247–258.

CHRISTOPH MECKEL
Born June 12, 1935, in Berlin
Lives in Berlin and Ötlisberg (Baden)

Christoph Meckel mixes legend, private myth and fairytale into ballads and tone poems which spill fragments of an exotic wilderness into our mundane existence. Whimsey and whiskey combine with the roar of the fishes and the whimpering of bears to produce a world of fantasy which often seems at first glance merely quaint but which is suddenly revealed to be full of carrion and corruption. The apolitical realm of make-believe, peopled with the gentle folk of fable, becomes a searing commentary on our time. It is perhaps not mere accident that Meckel shares with Günter Grass a double talent—both put a magic mirror to our chaotic world as graphic artists and as poets.

Text in *Nebelhörner*. Stuttgart: Deutsche Verlags-Anstalt, 1959.

LITERATURE:
Gisela Brackert-Rausch. "Christoph Meckel" in *Schriftsteller der Gegenwart*, hrsg. v. Klaus Nonnenmann. Olten und Freiburg im Breisgau, 1963.

CONRAD FERDINAND MEYER
Born October 11, 1825, in Zürich
Died November 28, 1908, in Kilchberg

Conrad Ferdinand Meyer, who was afflicted during much of his early adult life by recurring mental instability, eventually found himself through literary productivity. His short novels and tales are justly famous for their artistry. Scorning the realistic literary trends of his time, Meyer weaves a tapestry of colorful history and modern skepticism, in which the finished product of art is more important than its parts. In his poetry, both historical and contemporary images —the fountain or the drifting boat—are stripped of their contextual connotations, isolated and distilled in the poetic imagination. They emerge as highly personal symbols, akin not so much to the apperceptions of Goethe or the Romantic poets but rather to those of later poets such as George and Rilke.

Text in *Sämtliche Werke*, hrsg. v. Max Rychner. 4 Bde. Leipzig: Philipp Reclam, n. d.

LITERATURE:
*H. W. Belmore. "Two Poems on a Fountain in Rome, C. F. Meyer and R. M. Rilke," *GL&L*, N. S. X (1956–57), 49–53.
W. P. Bridgewater, "C. F. Meyer und Nietzsche," *MLR*, LX (1965), 568–583.
*Ronald D. Gray. *An Introduction to German Poetry*. Cambridge, 1965.
Heinrich Henel. *The Poetry of Conrad Ferdinand Meyer*. Madison, 1954.
*————. "Conrad Ferdinand Meyer: Lyrik der Beschaulichkeit," *Monatshefte*, LX (1968), 222–234.
*R. Hippe. "Vier Brunnengedichte: C. F. Meyer, R. M. Rilke, H. Carossa, H. Hesse," *WW*, IV (1953–54), 268–274.

*Joachim Kröll. "Über den Stil zweier Gedichte. C. F. Meyer: 'Römischer Brunnen' und R. M. Rilke: 'Römische Fontäne'," *Muttersprache*, LXIII (1953), 150–155.
*Johannes Pfeiffer. *Umgang mit Dichtung*. 10 Aufl. Hamburg, 1962.
*Hermann Pongs. *Das Bild in der Dichtung*. 2 Bde. 2. Aufl. Marburg, 1960–63.
*Frank G. Ryder. " 'Der römische Brunnen.' Sound Pattern and Content," *Monatshefte*, LII (1960), 235–241.
*Wilhelm Schneider. *Liebe zum deutschen Gedicht*. Freiburg im Breisgau, 1952.

AGNES MIEGEL
Born March 9, 1879, in Königsberg
Died October 26, 1964, in Bad Nenndorf near Hannover

Agnes Miegel began her literary career writing verse, and although she later published stories and plays, her strength lies in the field of poetry, notably the ballad. The age-old problem of the relationship between man and nature is a central motif in many of her ballads. Often the power and enticement of nature is represented by water which draws man, and especially woman, with an irresistible lure. The topics of Agnes Miegel's ballads are taken from the old German sagas and fairy tales, and from the history of many nations. The rich variety of her writings can be seen if one surveys the seven volume edition of her collected works (Eugen Diederichs Verlag).

Text in *Gesammelte Werke*. 7 Bde. 2. Aufl. Düsseldorf: Diederichs, 1959.

Literature:
*Kurt Bräutigam. "Agnes Miegel: 'Schöne Agnete'," in *Die deutsche Ballade*, hrsg. v. Kurt Bräutigam. Frankfurt a. M., 1963.
Kurt Busse. "Agnes Miegel," *Preußische Jahrbücher*, CCXV (1929), 338–340.
Erhard Krieger. *Agnes Miegel: Leben und Werk*. Bad Homburg, 1959.
*Wilhelm Schneider. *Liebe zum deutschen Gedicht*. Freiburg im Breisgau, 1952.

CHRISTIAN MORGENSTERN
Born May 6, 1871, in Munich
Died March 31, 1914, in Meran

When Christian Morgenstern's *Galgenlieder* (*der Galgen* gallows) appeared in 1905, critics called these lovely whimsical poems "höheren Blödsinn" (pretentious idiocy). But readers liked the fanciful verse, and during Morgenstern's short life fourteen editions were printed. In these humorous poems we are carried off into an "Alice in Wonderland" world, where we meet people like Korf, who invented a clock which goes forward and backward simultaneously, or Palmstroem, whose clock has a heart—it goes fast or slow according to one's wishes. The influence of the anthroposophist Rudolf Steiner upon Morgenstern is readily observable in some of his poems. A central feature of Morgenstern's poetry is a delightful play with words, yet one poem, "Fisches Nachtgesang" has no words at all.

Text in *Alle Galgenlieder*. Berlin: Bruno Cassirer, 1937.

LITERATURE:
Michael Bauer. *Christian Morgensterns Leben und Werk*. München, 1948.
*Albrecht Goes. *Freude am Gedicht*. Frankfurt, 1952.
Max Knight. Introduction to *Christian Morgenstern's Galgenlieder, A Selection*, tr. and with an introduction by Max Knight. Berkeley and Los Angeles, 1963.
Margareta Morgenstern. Nachwort zu *Gedichte*, hrsg. v. Margareta Morgenstern. München, 1959.

EDUARD MÖRIKE
Born November 8, 1804, in Ludwigsburg
Died June 4, 1875, in Stuttgart

Eduard Mörike spent his whole life in Swabia. In his most productive years he was a country pastor, later a teacher of German literature, always a man of considerable education with a large circle of acquaintances but few friends. He had little desire to become part of the busy world which could only interfere with his fantasy and inner vision. Mörike is a poet with an astonishing sensibility, a sure and natural, yet varied technical mastery, an enormous grasp of the musical potential of the German language, and, most surprising perhaps, a rich sense of humor. In form his poems are even more varied than in mood and content, although there is certainly no lack of variety of themes, viewpoints, or moods. Numerous classical forms vie with folksongs and free verse. But whether he is transforming personal experience into poetic expression or using his poetic imagination to assume a completely different rôle, Mörike consistently manifests his understanding of and sympathy for mankind.

Text in *Sämtliche Werke,* hrsg. v. G. Baumann und S. Grosse. 3 Bde. Stuttgart: Cotta, 1959–61.

LITERATURE:
*Heinrich Henel. "Mörikes 'Denk es, o Seele': Ein Volkslied?" in *Festschrift für Richard Alewyn,* hrsg. v. Herbert Singer und Benno v. Wiese. Köln, 1967.
*Alfred Mundhenk. "Der umgesattelte Feuerreiter. Eine Studie zu Mörikes Ballade und ihren beiden Fassungen," *WW,* V (1954–55), 143–149.
*Walter Naumann. "Eduard Mörike: 'Das verlassene Mägdlein'," *JEGP,* LXI (1962), 616–625.
*Rainer Pohl. "Zur Textgeschichte von Mörikes 'Feuerreiter'," *ZDP,* LXXXV (1966), 223–240.
*Wilhelm Schneider. "Eduard Mörike: 'Das verlassene Mägdlein'," in *Liebe zum deutschen Gedicht.* Freiburg im Breisgau, 1952.
*Frank E. Snow. "Mörikes 'Feuerreiter' and an Interpretative Tale," *MLN,* XXVIII (1944), 590–596.
*Emil Staiger. *Die Kunst der Interpretation.* Zürich, 1955, pp. 205–214.
*Wolfgang F. Taraba. "Eduard Mörike: 'Denk es, o Seele'," in *Die deutsche Lyrik,* II, hrsg. Benno v. Wiese. Düsseldorf, 1964.
*Udo Wasmer. "Eduard Mörike: 'Der Feuerreiter'," in *Die deutsche Ballade,* hrsg. v. Kurt Bräutigam. Frankfurt a. M., 1963.
Benno von Wiese. "Der Lyriker Eduard Mörike," in *Zwischen Utopie und Wirklichkeit. Studien zur deutschen Literatur.* Düsseldorf, 1963.
See also *Ibel under Eichendorff.

FRIEDRICH NIETZSCHE
Born October 15, 1844, in Röcken
Died August 25, 1900, in Weimar

Nietzsche is one of the most influential figures in modern literature, not so much through his poetry and lucid cultural criticism, as through his flamboyantly rhetorical *Also sprach Zarathustra* and his incisive aphorisms. Always a biting and moody critic of that Germany which gloried in its victory (in the Franco-Prussian War of 1870), Nietzsche clung to the part of Germany typified by Schopenhauer's irrationalism, pessimism, and scepticism. Nietzsche saw Christianity, with its stress on compassion, as a hindrance to the development of men with strong wills and an aristocratic sense of self-sufficiency. This *Übermensch*-ideal with its overtones of paganism was influenced by Nietzsche's early career as a professor of classics. Until Richard Wagner composed his opera *Parsifal* with its Christian mysticism, Nietzsche was his most enthusiastic supporter, for he saw in Wagner's *Gesamtkunstwerk* a true reincarnation of Greek tragedy and admired the composer's vital creativity. Like Wagner, Nietzsche strives in his works for an effect of dissonance and apparent chaos, which can be seen to be ordered by laws of its own and is transfused with music and powerful rhythm. With Heine, Nietzsche shares the ability to satirize not only the faults of Germany, but also his own emotions; this irony gives his poetry an unusually penetrating power.

Text in *Nietzsches Werke,* hrsg. v. A. Bäumler. 12 Bde. Stuttgart: Kröner, 1965.

LITERATURE:

*Richard Bochinger. "Die Klage im Gedicht der Gegenwart," *DU,* VI (1954), 56–77.

*Franz Norbert Mennemeier. "Friedrich Nietzsche: 'Vereinsamt'," in *Die deutsche Lyrik,* hrsg. v. Benno von Wiese. 2 Bde. Düsseldorf, 1957.

*Johannes Pfeiffer. *Umgang mit Dichtung.* 10. Aufl. Hamburg, 1962.

See also Bridgewater under Meyer.

HEINZ PIONTEK
Born November 15, 1925, in Kreuzburg
Lives in Munich

In an essay, entitled "Von der lyrischen Praxis," Heinz Piontek states, ". . . ich huldige dem eleganten, leicht und mühelos fließenden Vers, dem unwiderstehlichen Schmelz einer Melodie, der Anmut einer metaphorischen Verkürzung, dem von den Grazien begünstigten Wort."† (I celebrate the elegant, light and effortlessly flowing verse, the irrestible melting sweetness of a melody, the charm of a metaphorical contraction, the word favored by the Graces.) But even more important to him than melody and condensed metaphor, he goes on to say, is the laconic word and the lucid image. Piontek succeeds in his best poems for what he is striving. He started out with nature poetry in the tradition of Wilhelm Lehmann, but soon developed a style of his own. He is known not only as a poet and writer of short stories, but also as a translator of John Keats.

Text in *Mit einer Kranichfeder.* Stuttgart: Deutsche Verlags-Anstalt, 1962.

LITERATURE:
J. C. Middleton. "The Poetry of Heinz Piontek," *GL&L*, N. S. XIII (1959), 55–57.
Gert Woerner. "Zu Heinz Pionteks Lyrik," *WuW*, XII (1957), 240. *See also* Holthusen under Celan.

AUGUST VON PLATEN
Born November 24, 1796, in Ansbach
Died December 5, 1835, in Syracuse, Italy

August von Platen (Graf von Platen-Hallermünde) combines in his poetry an aesthetic search for beauty with an artistic concern

† In *Mein Gedicht ist mein Messer,* paperback, ed. Hans Bender (München 1961), p. 113.

for formal perfection. As a man who mastered some twelve foreign languages, including Arabic and Persian, he is important not only in his own right as a master of the sonnet and the ode, but also as a transplanter of exotic forms (primarily the ghazal) which are preserved both in Platen's translations and in his own poems using these forms. These Persian transplants with their homoerotic overtones suited Platen's inclinations far better than the rather conventional, epigonal poetry in the Romantic tradition to which he was exposed. In his best poems, whether odes, sonnets, ghazals, or strophic poems, Platen achieved a coalescence of form and content in which the beauty of the form led to an intensification of the content.

Text in *Sämtliche Werke*. 4 Bde. Stuttgart: J. G. Cotta, n. d.

LITERATURE:

E. Bertram. "Platens Gedichte," in *Ernst Bertram: Möglichkeiten. Ein Vermächtnis,* hrsg. v. Hartmut Buchner. Pfullingen, 1958.

*Otto Heuschele. "August Graf von Platen," in *Essays. Eine Auswahl.* Nürnberg, 1964.

*Thomas Mann. "August von Platen," in *Adel des Geistes.* Stockholm, 1945.

RAINER MARIA RILKE

Born December 4, 1875, in Prague

Died December 29, 1926, in Val Mont near Montreux

Rainer Maria Rilke's poetry, for the most part not easily accessible, is nevertheless read not only in the German-speaking countries, but in translation all over the globe. Rilke has been translated into all major languages and a good many minor ones. He has fascinated the reading public as well as critics almost from the time his first poems appeared, and the literature about him is steadily growing. "To hardly any other modern poet have there appeared so many so-called approaches (metaphysical, hagiographical, Marxist, Freudian, existentialist, and perhaps one day we shall be favored with a Vegetarian one)"[1] one Rilke interpreter remarks. Rilke had an almost seismographic sensitivity for people and things; he was able in his poetry to create myths; and he expressed himself in multivalent

[1] Frank Wood, *Rainer Maria Rilke: The Ring of Forms* (Minneapolis, 1958), p. 5.

images, in a language as highly original as it is musical. Rilke's *Neue Gedichte* (poems written between 1903 and 1908), from which our selections are taken, are sometimes referred to as "Dinggedichte," or "thing-poems." It was Rilke's aim to recreate objects "with their own context and in their own proportions, no longer falsified by the poet's subjective emotions about them."[2] However, even on the basis of the three poems in this anthology, we can see that his understanding of objects was a subjective one. He tried to understand the nature of things and to transform this essence into a poem. Although it was not Rilke's intention to endow his poetry with symbolical significance, an interpretation of the symbolism often tempts the reader.

Text in *Sämtliche Werke,* hrsg. vom Rilke-Archiv in Verbindung mit Ruth Sieber-Rilke, besorgt durch Ernst Zinn. 5 Bde. Wiesbaden: Insel, 1955–61.

LITERATURE:

H. W. Belmore. *Rilke's Craftmanship: An Analysis of his Poetic Style.* Oxford, 1954.

*Hans Berendt. *Rainer Maria Rilkes Neue Gedichte. Versuch einer Deutung.* Bonn, 1957.

*Ronald Gray. *An Introduction to German Poetry.* Cambridge, 1965.

Hans Egon Holthusen. *Rilke in Selbstzeugnissen und Bilddokumenten.* Hamburg, 1958.

Ludwin Langenfeld. "Rilke," in *Deutsche Literatur im 20. Jahrhundert,* hrsg. v. Otto Mann und Wolfgang Rothe. Bern und München, 1967.

*H. F. Peters. *Rainer Maria Rilke: Masks and the Man.* Seattle, 1960.

*Johannes Pfeiffer. *Umgang mit Dichtung.* 10. Aufl. Hamburg, 1962.

*Wilhelm Schneider. "R. M. Rilke: 'Das Karussell'," in *Liebe zum deutschen Gedicht.* Freiburg im Breisgau, 1952.

Hermann Weigand. "Das Wunder im Werke Rainer M. Rilkes," *Monatshefte,* XXXI (1939), 1–21.

*Frank Wood. *Rainer Maria Rilke: The Ring of Forms.* Minneapolis, 1958.

See also *Belmore and *Kröll under Meyer.

[2] G. W. McKay, ed. *Rainer Maria Rilke, Poems* (London, 1965), "Introduction," p. 21.

JOACHIM RINGELNATZ
Born August 7, 1883, in Wurzen near Leipzig
Died November 16, 1934, in Berlin

Joachim Ringelnatz, the lyrical humorist whose real name was Johannes Bötticher, appeared after World War I on the stages and in the cabarets of almost every German city and town, where his wit, his originality, and his charm captivated his audiences. He always came on stage dressed as a sailor, and with good reason, because for many years he had been at sea, and had served as an officer in the German navy during World War I. In his poetry he makes fun of the German middle class, its pseudo-morality, and its outworn values.

Text in *Und auf einmal steht es neben dir. Gesammelte Gedichte.* Berlin: Karl H. Hensel, 1950.

LITERATURE:
See Bossmann under Kästner.

EUGEN ROTH
Born January 24, 1895, in Munich
Lives in Munich

Although Roth has also published serious poetry and prose, he is best known for his humorous verse, which has a wonderful, almost therapeutic effect. In a gay, relaxed manner he pokes fun at man's goals of success in business, profession, romantic love. He looks at human foibles not as a stern judge or disgusted aesthete, but as a kindly and wise fellow-sufferer. He was seriously wounded in World War I, subsequently worked as a journalist, fell into disgrace with the Nazi regime, and again served in World War II.

Text in *Mensch und Unmensch—Heitere Verse.* München: C. Hanser, 1948.

LITERATURE:

Karl-Heinz Planitz. "Humor in der moderen deutschen Literatur: Der Dichter Eugen Roth," *GQ*, XXXIX (1956), 213–219.

NELLY SACHS
Born December 10, 1891, in Berlin
Lives in Stockholm

The great theme of Nelly Sachs' poetic work is the persecution, suffering, and murder of the Jews at the hands of the Nazis. The gruesome journalistic accounts of the brutality and torture preceding Hitler's "final solution" to the Jewish question do not have the impact of Nelly Sachs' condensed images, born of being a part of it all. For Nelly Sachs, who saw her family wiped out, escaped at the eleventh hour with her aged mother through the help of Swedish friends, among them the distinguished writer Selma Lagerlöf whose work she had translated into German. Although Nelly Sachs' poems constantly remind the reader of the infamous reign of terror under Hitler, they contain no hatred, only sadness, pity, and even hope, expressed by such lines as "Laßt uns das Leben leise wieder lernen" in "Chor der Geretteten." This hope issues from the good and just people who redeem the chaotic world. The form of her poems, sometimes reminiscent of the Psalms, is free verse. In 1966, Nelly Sachs was honored with the Nobel prize for literature.

Text in *Fahrt ins Staublose. Die Gedichte der Nelly Sachs*. Frankfurt a. M.: Suhrkamp, 1961.

LITERATURE:

Johannes Edfelt. "Die Dichterin Nelly Sachs," *M Spr*, LIV (1960), 279–285.
Nelly Sachs zu Ehren. Frankfurt a. M., 1961.
Gertrude C. Schwebell. "Nelly Sachs," *Sat R*, XLIX (Dec. 10, 1966), 46–47.
Karl Schwedhelm. "Wälder der Traumgesichte: Die Dichtung der Nelly Sachs," in *Jahresring 59/60*. Stuttgart, 1959.
*Werner Weber. "Nelly Sachs' Bericht vom Leiden Israels," in *Das Leiden Israels*. Edition Suhrkamp. Frankfurt a. M., 1965.

FRIEDRICH VON SCHILLER
Born November 10, 1759, in Marbach on the Neckar
Died May 9, 1805, in Weimar

Friedrich von Schiller is a master of the tragedy and the ballad, as well as an important philosophical and aesthetic essayist. Much of his work demonstrates his belief that literature should express abstract intellectual ideas, which he considered more important than the mere appearances of reality. Schiller's ballads display a bold and simple outline, forceful characterization, and clearly defined moral issues. In his youth, Schiller belonged to the *Sturm und Drang* (Storm and Stress) movement, central to which was a fiery rebellion against the stifling conservatism of the nobility. The charges of the *Sturm und Drang* burn with accusations against political tyranny, the tyranny of the churches, of German society, and of civilization itself. Although Schiller's later works are inspired by the models of classical antiquity an eloquent plea for human dignity remains central.

Text in *Werke,* hrsg. v. Ludwig Bellermann. 9 Bde. 2., kritisch durchgesehene erläuterte Ausgabe, bearb. v. Ludwig Bellermann. Leipzig: Bibliographisches Institut, n. d. [1912?].

LITERATURE:

*Herbert Cysarz. *Schiller.* Halle(Saale), 1934.
I. Emmerich. "Die Balladen Schillers in ihrer Beziehung zur philosophischen und künstlerischen Entwicklung des Dichters," *Wissenschaftliche Zeitschrift der Friedrich Schiller-Universität, Jena,* V (1955–56), 111–139.
E. Lohner. *Schiller und die moderne Lyrik.* Göttingen, 1964.
Thomas Mann. *Versuch über Schiller.* Frankfurt a. M., 1955.
J. Müller. "Schillers lyrische Kunst," *Wissenschaftliche Zeitschrift der Friedrich Schiller-Universität, Jena,* IV (1954–55), 485–500.
*Ferdinand Piedmont. "Ironie in Schillers Ballade 'Der Handschuh'," *WW,* XVI (1966), ii, 105–112.
Steffen Steffensen. "Schiller und die Ballade," in *Stoffe, Formen, Strukturen,* hrsg. v. Albert Fuchs und Helmut Motekat. München, 1962.

GEORG TRAKL
Born February 3, 1887, in Salzburg
Died November 4, 1914, in Krakau

Georg Trakl was one of the early Expressionist poets, foreshadowing in his introverted imagery the abstractions, distortions, and kaleidoscopic transferrals of the painters Kandinsky, Marc, and Macke. Although he was one of the poets who recognized the inner corruption of the outwardly self-satisfied and optimistic Austrian society, he did not react with ironic naturalism or political satire, as did some others, but with the creation of a marvellous, incandescent, rather perverse inner world which he then reflected in convoluted and fractured images, echoes of traditional images in unexpected contexts. Rich colors and exotic landscapes serve as the setting for tormented symbols of doubt, fear, and anguish. The advent of World War I and Trakl's experience on the Eastern front intensified the tone of despair in his poetry and led to his early death by an overdose of drugs.

Text in *Die Dichtungen,* hrsg. v. Wolfgang Schneditz. 3. Aufl. der Gesamtausgabe. Salzburg, Leipzig: Otto Müller, 1938.

LITERATURE:
Erna Kritsch. "The Synesthetic Metaphor in the Poetry of Georg Trakl," *Monatshefte,* LIV (1962), 69–77.
*Johannes Pfeiffer. *Umgang mit Dichtung.* 10. Aufl. Hamburg, 1962.
Heinz, Piontek. "Georg Trakl," in *Triffst du nur das Zauberwort,* hrsg. v. Jürgen Petersen. Frankfurt a. M., 1961.
Heinz Wetzel. "Zum Verständnis der Dichtungen Trakls," *Monatshefte,* LVIII (1966), 97–114.
See also Killy under Benn *and* Muschg under Hofmannsthal.

NOTES ON POETS AND BIBLIOGRAPHIES

FRANZ WERFEL
Born September 10, 1890, in Prague
Died August 26, 1945, in Beverly Hills

When Franz Werfel's first volume of poetry, *Der Weltfreund,* appeared in 1911, the youthful author was catapulted to fame over night. Readers and critics relished that "friendship with the world," which is the theme of his early verse. Success stayed with him and soon he was acclaimed the most exciting voice of Expressionism, a movement marked by a revolt against convention in literature, art, social institutions, and politics. In his middle years, Werfel wrote highly successful plays and novels, some of which were filmed, and he received several literary prizes. But toward the end of his life, he again turned to his favorite genre, poetry; in fact, he was revising poems when he died at his desk, pen in hand. The spontaneity of his emotionally charged early verse gave way to a more reflective, though still compassionate tone. The sense of pity for suffering humanity which pervades much of Werfel's work goes hand in hand with his "urge toward union, towards communication . . . and the inevitable experience of the bounds separating person from person, of the impotence of speech, of being alone with oneself."†

Text in *Das lyrische Werk,* hrsg. v. Adolf D. Klarmann. Frankfurt a. M.: S. Fischer, 1967.

LITERATURE:

Gustave O. Arlt, "Franz Werfel, 1890–1945.—In Memoriam," *Monatshefte,* XXXVII (1945), 506–509.
Adolf D. Klarmann. "Das Weltbild Franz Werfels," *Wissenschaft und Weltbild* (Wien), VII (1954), i–ii, 35–48.
Wilma Brun Merlan. "Franz Werfel, Poet," in *Franz Werfel: 1890–1945,* ed. Lore B. Foltin. Pittsburgh, 1961.
Paul Stöcklein. "Franz Werfel," in *Deutsche Literatur im 20. Jahrhundert,* hrsg. v. Otto Mann und Wolfgang Rothe. Bern und München, 1967.

† Erich Kahler's review of Franz Werfel's *Poems 1908–1945, Commentary,* V (1948), p. 187.

Rotraut Straube-Mann. "Franz Werfel," in *Expressionismus. Gestalten einer literarischen Bewegung,* hrsg. v. Hermann Friedmann und Otto Mann. Heidelberg, 1956.

Paul Wimmer. "Franz Werfel," *WZ,* IV (1958), vii, 1–6.

Frank Wood. "The Role of 'Wortschuld' in Werfel's Poetry," in *Franz Werfel: 1890–1945,* ed. Lore B. Foltin. Pittsburgh, 1961.

Vocabulary

This vocabulary contains all words beyond the first five hundred in the lists of Pfeffer and Ryder (see "Preface") plus a small number of words not in these lists. The latter, *e.g., die Hebung, hold,* occur frequently in the anthology. We have excluded numerals, names of the months, days of the week, obvious cognates, derivatives, and compounds. Where we felt it useful to include some such words, we have done so. For example, most common strong verbs are listed with their principal parts, since their compounds have been starred. Thus *an-nehmen** means see *nehmen* for principal parts.

das **Abendlied, –er** evening song, vesper
ab-fließen* to flow away
ab-kehren to turn away
der **Abschied, –e** parting, farewell
ab-wechseln to alternate
ach oh, alas
der **Acker, ̈** field
ähnlich similar
alkäisch Alcaic (*see* **die Ode** *in "Outline of Poetic Terminology"*)
das **Altwerden** aging
an at, by, (up) against, up to, along, on, onto, in, to, of
der **Anblick, –e** sight, view
die **Angst, ̈e** anxiety, fear; **— haben** to be afraid
an-hören to listen to
an-nehmen* to assume
an-schauen to look at
anstatt instead
der **Anzug, ̈e** suit
die **Apostrophe, –n** address

der **Arbeiter, –** worker, laborer
die **Art, –en** kind, species, type; **in der —** in this way, of this kind
die **Asche, –n** ashes
atemlos breathless
auf on, onto, to, in, at; **— einmal** suddenly, at once
auf-fallen* to be striking
auf-fassen to understand, interpret
auf-heben* to pick up
auf-hören to stop, cease
auf-nehmen* to take up
auf-schauen to look up
auf-sehen* to look up
auf-springen* to leap up
aus from, out of, for; **von ... — from**
der **Ausdruck, ̈e** expression; **zum — kommen*** to be expressed
aus-drücken to express; **sich —** to be expressed
außen outside

VOCABULARY

beachten to note
beantworten to answer
beben to tremble
bedeutungsvoll meaningful
bedrohen to threaten
der **Befehl, –e** command, order
befehlen a o (ie) to command
(sich) **begegnen** to meet
die **Begegnung, –en** encounter
begreifen* to comprehend
der **Begriff, –e** concept
begründen to give a reason or
reasons for
begrüßen to greet, welcome
bei by, with, at the house of,
at, in, during; **beim Lesen,
Fliegen usw.** while reading,
flying, etc.
beißen i i to bite
benutzen to use
berichten to report
der **Beruf, –e** profession
beschreiben* to describe
die **Beschreibung, –en** descrip-
tion
der **Besitz** property
bestehen* to exist; **— aus** to
consist of
bestimmen to determine, define
bestimmt definite(ly); **näher —**
more closely indicated
der **Besuch, –e** visit, company
beten to pray
betonen to stress, emphasize
betrachten to observe, regard
bevor before
(sich) **bewegen** to move
die **Bewegung, –en** movement
(sich) **beweisen ie ie** to prove
(oneself)
bezeichnen to designate
sich **beziehen* auf** to refer to
biegen o o to bend
die **Biene, –n** bee

bilden to form, constitute
bildlich metaphorical, figurative
die **Birne, –n** pear
bis; — daß until; **— in** up to;
— zu to, as far as
bitten a e (um) to ask (for),
plead with, beg
die **Bitterkeit** bitterness
der **Blankvers, –e** blank verse,
unrhymed iambic pentameter
blau (das **Blau**) blue
das **Blei** lead
bleiben ie ie to stay, remain,
wait
bleich pale
der **Blick, –e** glance, sight,
gaze
blicken to glance, look
der **Blitz, –e** lightning, flash
blitzen to shine brightly, flash
bloß only
blühen to blossom, bloom
das **Blut** blood
bluten to bleed
blutig bloody
braun brown
brechen a o (i) to break
brennen a a to burn; **es brennt**
there is a fire
brillant brilliant
bringen a a to bring
die **Brücke, –n** bridge
brüderlich like brothers
brüllen to roar
der **Brunnen, –** spring, fountain
die **Brust, ⸚e** chest, breast
bunt bright, varicolored, colorful

die **Christin, –nen** Christian
woman
christlich Christian

das **Dach,** ¨-er roof
dagegen on the other hand
danach after that
der **Dank** thanks, reward
dann; — und wann occasionally
dar-stellen to present, represent
dauern to last, endure
die **Decke, –n** blanket
denken a a to think; **— an** to think of, consider, remember; **sich —** to imagine
deutlich clear, plain
Deutschland Germany
d.h. = das heißt i.e. (that is)
die **Dialogstrophe, –n** dialogue strophe
dichten to write poetry
der **Dichter, –** poet
die **Dichterin, –nen** poetess
die **Dichtung** poetry
der **Dienst, –e** service; **in —** **stehen*** to be a servant
diesmal this time
drauf after that
(sich) **drehen** to turn
drin in it
das **Dritte Reich** the Third Reich, Hitler regime
drüben over there
drüber on top of that
drucken to print
drücken to press; **die Hand —** to shake hands with
drunten down there
das **Dunkel** darkness
die **Dunkelheit** darkness
dunkeln to grow dark
durchaus by all means

echt genuine, true
edel noble, fine, precious
die **Edelfrau, –en** noble lady

ehe before
ehren to honor
eigen (one's) own
eigentlich actually, properly speaking
das **Eiland, –e** island
(sich) **eilen** to hasten, hurry
der **Eimer, –** pail, bucket
der **Einfluß,** ¨-sse influence
die **Einheit, –en** unit
sich **ein-richten** to establish oneself
einsam alone, solitary, lonely
die **Einsamkeit** loneliness
ein-schlafen* to go to sleep
einst someday
ein-teilen to distribute, divide, arrange
das **Eis** ice
empfangen i a (ä) to receive
empfinden a u to feel
endlich at last
eng close, tight, cramped
das **Enjambement** run-on lines
enthalten* to contain
sich **entwickeln** to develop
die **Erde, –n** earth, world, ground, soil; **auf —n** on this earth
sich **erinnern** to remember, recall
die **Erinnerung, –en** memory
erkennen a a to recognize
erklären to explain
erleben to experience
das **Erlebnis, –se** experience
ernst sober, stern
erreichen to reach
erscheinen* to appear
die **Erscheinung, –en** appearance
ersehen* to see
das **Erstaunen** astonishment
erwähnen to mention
erwarten to await, expect

237

erzählend narrative
essen a e (i) to eat
ethisch ethical, moralistic
ewig eternal
die Ewigkeit eternity

die Fahne, –n flag
fallen ie a (ä) to fall; — lassen*
to drop
fangen i a (ä) to catch, capture
farblos colorless, drab
feierlich festive, formal
feiern to celebrate
das Feld, –er field, land
die Feststellung, –en observa-
tion
feucht wet, moist
die Feuergefahr, –en danger of
fire
die Fichte, –n fir tree
der Fischer, – fisherman
die Flasche, –n bottle
fliegen o o to fly
fliehen o o to flee, escape
fließen o o to flow
der Flug, ⸚e flight
flüstern to whisper
die Folge, –n consequence
sich fragen to ask oneself,
wonder
frisch fresh
früh early, in the morning,
soon
fühlen to feel, sense

der Gang, ⸚e hall, corridor;
walk, pace, step, gait
geben a e (i) to give; in die
Hand — to lay in one's
hand; es gibt there is, there
are
der Gebrauch use
gebrauchen to use
der Gedanke, –ns, –n thought,
idea

gedankenvoll thoughtful
das Gedicht, –e poem, poetry
die Geduld patience
das Gefühl, –e feeling
der Gegenstand, ⸚e object
gegenüber opposite, facing, as
opposed to
die Gegenwart present (tense)
gegenwärtig present
geheimnisvoll mysterious
gehen i a to go, move; — mit
to accompany, follow
die Geliebte, –n sweetheart
gelingen a u to succeed; es ge-
lingt mir I accomplish it
successfully
gelten a o (i) to be a matter of;
— als to be considered
gemeinsam in common
gemütlich comfortable, cozy
genügen to satisfy
gerade exactly, of all places,
even-numbered
das Geräusch, –e sound, noise
das Gerippe, – skeleton
der Gesang, ⸚e song
geschehen a e (ie) (mit) to hap-
pen (to), take place, occur
das Gesicht, –er face
die Gewalt, –en force
gewinnen a o to win, gain, take
on
gewiß certain(ly), to be sure
die Gewißheit certainty
der Gipfel, – mountain top
der Glanz shine, light, splendor, luster, gleam
glänzen to shine, sparkle, glow,
gleam
der Glaube, –ns, –n belief
gleich like, equal, at once
gleich-bleiben* to remain the
same
gleichen i i to be like, resemble
die Gleichheit equality

das **Glied**, –er limb, leg, member
die **Glocke**, –n bell
der **Gott**, –̈er God, god
die **Göttin**, –nen goddess
göttlich divine
das **Grab**, –̈er grave
grau gray
greifen i i nach to reach for
grün (das **Grün**) green
der **Grund** reason; **im —e** basically
grünhaarig green-haired
die **Gruppe**, –n group

der **Hafen**, –̈ harbor, port
der **Hahn**, –̈e rooster
halten ie a (ä) to hold, stop
handeln von to deal with
der **Handschuh**, –e glove
hängen i a to hang
häufig frequent(ly)
das **Haupt**, –̈er head
heben o o to raise
-hebig stress (*e.g., vierhebig* four-stress)
die **Hebung**, –en (metrical) stress
heilig holy, sacred
die **Heimat** home, native country
heiß hot
heißen ie ei to be called, say, mean
helfen a o (i) to help
her hither, to here, from there; **lange —** long ago; **von . . . — ** from
der **Herbst**, –e fall, autumn, harvest
der **Herd**, –e stove, hearth
herein-treten* to walk in, enter
her-kehren to turn toward one
herrlich splendid, magnificent
herum round about

herunter-steigen* to climb down
hervor-heben* to emphasize, stress
hervor-steigen* to rise up
das **Herz**, –ens, –en heart, breast
hierher hither, to this place
hinab-steigen* to climb down
hinauf up (here)
hinein-gehen* to enter
hinein-treten* to step in, enter
hin-sinken a u to sink down
hinterlassen* to leave behind
hinunter-gehen* to go down
hin-weisen ie ie auf to suggest, refer to, allude to, point out, mention
die **Höhe**, –n height, hill, mountain
hold charming, cherished, gracious, lovely, friendly, sweet
horchen to listen (intently)
der **Huf**, –e hoof
der **Hügel**, – hill
das **Huhn**, –̈er chicken
humoristisch humorous, whimsical
hungrig hungry

das **Ich** ego, self
die **Idee**, –n idea, ideal
immer always; **— wieder** again and again, repeatedly; **— noch** still
in . . . hinein into
indem because, while, in that
der **Inhalt**, –e content
inner inner, internal
innerlich internal, inward
inwiefern to what extent
irgendwohin somewhere

die **Jagd**, –en hunting grounds, hunt

die **Jahreszeit, –en** season (of the year)
jambisch iambic
der **Jambus, Jamben** iamb
jedermann everyone
jedesmal each time
jedoch however

der **Kaffee** coffee; — **trinken** see **trinken**
der **Kaiser** emperor
die **Kälte** cold(ness)
die **Kartoffel, –n** potato
das **Katalogisieren** cataloging, listing
das **Katzenfutter** catfood
kauen to chew
der **Kaufmann, Kaufleute** merchant
kaum scarcely; **wohl** — not very likely, probably not
kein(e)s von beiden neither of the two
der **Keller, –** cellar
das **Kinn** chin
die **Kirsche, –n** cherry
klagen to lament, mourn, complain
der **Klang, ⸚** sound
sich **kleiden** to dress
klingen a u to sound, tinkle, ring
knie(e)n to kneel
der **Koch, ⸚e** cook
kochen to cook; to boil, fix (tea, coffee)
kommen a o to come; **zum Ausdruck** — to be expressed
kommentieren to comment on, annotate
der **König, –e** king
die **Kraft, ⸚e** force, strength
der **Kreis, –e** circle
kreisen to turn in a circle

das **Kreuz, –e** cross
die **Krone, –n** crown, top
krumm crooked
der **Kuchen, –** cake
die **Kunst, ⸚e** art
der **Künstler, –** artist
künstlerisch artistic
der **Kuß, ⸚sse** kiss
küssen to kiss

lächeln to smile
das **Lächeln, –** smile
das **Lachen** laugh(ing)
die **Landschaft, –en** landscape
längst long since
der **Lärm** noise
lassen ie a (ä) to leave, let, have; **sich** — to let oneself; to have (something) done
laufen ie au (äu) to run
der **Laut, –e** sound
läuten to ring, peal
lautlos soundless(ly)
die **Lebendigkeit** liveliness
lehnen (an) to lean (up against)
der **Leib, –er** body
das **Leid, –en** suffering, pain
leiden i i to suffer
die **Leidenschaft, –en** passion
leise soft(ly)
das **Lesebuch, ⸚er** reader
lesen a e (ie) to read
der **Leser** reader
leuchten to shine, glow, gleam
das **Licht, –er** light, brilliance
der **Liebende, –n** lover
der **Liebesblick, –e** loving glance
liegen a e to lie, be situated
die **Linde, –n** linden tree, lime tree
das **Lob** praise
loben to praise
die **Locke, –n** lock of hair
los loose

der **Löwe, –n, –n** lion
die **Lust, ⁝e** desire, happiness, pleasure
lustig cheerful

die **Macht, ⁝e** power, authority
der **Mädchenname, –ns, –n** girl's name, maiden name
die **Mähne, –n** mane
die **Mähre, –n** mare
malen to paint
das **Manifest, –e** manifesto
männlich masculine
die **Masse, –n** mass, crowd
die **Mauer, –n** wall
der **Maurer, –** mason
mehr more, any more; **nicht —** no longer, not any more; **nie —** never again; **mehrere** several
meinen to be of an opinion, mean
meistens usually
der **Meister, –** master
die **Melodie, –n** tune, melody
melodisch melodic, musical
die **Menschheit** humanity
menschlich human
die **Metapher, –n** metaphor
die **Milch** milk
mischen to mix
miteinander with each other, with one another
das **Mitleid** sympathy
mittags at noon
sich **mit-teilen** to communicate (one's thoughts)
die **Mittelklasse** middle class
mitten in in the middle of
die **Mitternacht, ⁝e** midnight
der **Mondschein** moonlight
das **Moos, –e** moss
mutig brave
die **Mütze, –n** cap
der **Mythos, Mythen** myth

nackt naked, bare
nah(e) near, close, imminent; exact(ly)
naß wet
die **Naturmacht, ⁝e** natural force
der **Nazi, –s** member of the National Socialist party
nehmen a o (i) to take
neigen to bow, incline
nervös nervous
das **Netz, –e** net
sich **nieder-legen** to lie down
nimmer never(more)
nirgendwo nowhere
normalerweise normally
die **Not, ⁝e** want, distress, misery
nützen to be of use, help
nützlich useful

öfters often, frequently
das **Öl, –e** oil

der **Palast, ⁝e** palace
passen zu to be appropriate for, fit, accord with
pfeifen i i to whistle
die **Pflanze, –n** plant
pflücken to pick
prädestinieren to preordain
das **Präsens** present tense
prüfen to examine, test, check
die **Pupille, –n** pupil (of eye)

die **Quelle, –n** spring

der **Rabe, –n, –n** raven
der **Rahmen, –** frame
rasch quick
(sich) **rasieren** to shave
der **Rauch** smoke
reagieren to react
das **Recht, –e** right, justice

241

VOCABULARY

die **Rede; wovon ist die —** what is being talked about
die **Regel, –n** rule
regelmäßig regular
reich rich, full
das **Reich, –e** realm
reif ripe, mature
die **Reihe, –n** row
der **Reim, –e** rhyme
(sich) **reimen** to rhyme
reimlos unrhymed
das **Reimschema, –ta** rhyme scheme
reisen to travel
reiten i i to ride
der **Reiter, –** rider, cavalryman
der **Reitersmann, Reitersleute** rider
reizen to attract, tempt
reizend charming
rennen a a to run
der **Rest, –e** rest, remainder
retten to save
die **Rettung, –en** escape, rescue, salvation
richten to arrange
riechen o o to smell
roh crude
rötlich reddish
der **Rücken, –** back
rückwärts backward
rufen ie u to call
ruhevoll peaceful
rühren to stir

das **Sacktuch, –er** sackcloth
der **Saft, –e** juice
die **Sage, –n** legend
das **Salz, –e** salt
der **Sänger, –** singer
der **Sattel, –** saddle
der **Satz, –e** sentence, clause
sauer sour
schaffen u a to create
(er) **schallen** to resound

der **Schatten, –** shadow, shade
schattieren to shade, shadow
schauen (auf) to see, gaze, look (at)
scheiden ie ie to form a dividing line, separate
scheinen ie ie to shine, glow, appear, seem
schenken to give (as a gift)
das **Schicksal** fate
schicken to send
schildern to portray
die **Schlacht, –en** battle
schlafen ie a (ä) to sleep
die **Schlafmütze, –n** sleeping cap
schlagen u a (ä) to beat, wave, defeat
die **Schlange, –n** snake
schließen o o to close, shut
schließlich finally
schlucken to swallow
der **Schluß, –sse** conclusion
schmecken to taste
der **Schmerz, –en** pain
schmutzig dirty, grimy
schneiden i i to cut, whittle
die **Schnelligkeit, –en** rapidity
das **Schöne** beauty
die **Schönheit** beauty
schreiben ie ie to write
der **Schrein, –e** shrine
schuld sein an to be guilty of
die **Schulter, –n** shoulder
schütteln to shake
schützen to protect
schwächen to weaken
der **Schwan, –e** swan
schweigen ie ie to be silent, grow silent
das **Schwert, –er** sword
schwimmen a o to swim
schwingen a u to swing
die **Seekarte, –n** nautical chart, map

sehen a e (ie) to see, look (at);
— nach to look at
die Senkung, –en (metrically)
unstressed syllable
der Sieg, –e victory
die Silbe, –n syllable
silbern silver
sitzen saß gesessen to sit
so so, thus, in this manner,
then, very; — oft as often as
sonnengolden golden as the
sun
sonnig sunny
die Sorge, –n worry, problem
sowohl . . . als auch both . . .
and
die Spannung, –en tension
spazieren-gehen* to take a
walk, stroll
sphärisch spherical, of the
spheres
der Spiegel, – mirror
spiegeln to mirror, reflect
das Spiel, –e game, perfor-
mance, playing
spitz pointed
sprachlich linguistic
sprechen a o (i) to speak, say
der Sprecher, – speaker
springen a u to leap (up),
jump
der Sprung, –e jump, leap
stark strong(ly), intense(ly)
der Staub powder, dust
stehen stand gestanden to
stand, be
steigen ie ie to ascend, rise,
climb
die Stelle, –n place, passage
sterben a o (i) to die
der Stern, –e star
still still, quiet, peaceful
die Stimmung, –en mood
der Stock, –e cane, walking
stick

stolz proud
der Strahl, –en ray, spray, jet
(of water)
strecken to stretch
streichen i i to strike out, de-
lete
stumm mute, silent
stürzen to rush, pounce
die Symbolik symbolism

täglich daily
die Tanne, –n fir tree
der Tanz, –e dance
tanzen to dance
die Tasse, –n cup
die Tat, –en deed
tätig active
die Tätigkeit activity
die Tatsache, –n fact
der Tee tea
der Teil; zum großen — to a
large extent; zum — in part,
partly
teilen to distribute, share, divide, part, separate
der Teufel, – devil
das Tigertier, –e tiger
der Titel, – title
der Ton, –e tone, sound, note
der Topf, –e pot
das Tor, –e (town) gate, large
door
tot dead
tragen u a (ä) to carry, wear
die Träne, –n tear
die Trauer sadness, sorrow
treffen a o (i) to hit
die Treppe, –n steps, stairs
treten a e (i) to step; — zu to
come toward
die Treue loyalty, faithfulness
treulos faithless
trinken a u to drink; Kaffee —
to take a late break for coffee
and cake (cf. English high tea)

der **Trochäus, Trochäen** trochee
trocknen to dry
der **Trost** comfort
tun a a to do

über-fließen* to overflow
überraschen to surprise
die **Umgebung, –en** environment
umgekehrt vice versa
unangenehm unpleasant
unbekannt unknown
unbestimmt indefinite
unbetont unstressed
unerwartet unexpected
ungefähr approximately
ungenau inexact
ungerade odd-numbered
ungereimt unrhymed
ungewöhnlich unusual
unregelmäßig irregular
die **Unregelmäßigkeit, –en** irregularity
unrein impure
unruhig uneasy, restless
unter under; — **anderem** among other things
der **Unterricht** instruction, class
sich **unterscheiden*** to be different
unterschiedlich different, variable
u.s.w. (und so weiter) etc. (and so forth)

verbinden a u to join, connect
die **Verbindung, –en** connection
verbreiten to spread
die **Vergangenheit** past
vergessen a e (i) to forget
vergleichen* to compare

verlangen to demand, ask; desire
verlassen* to leave, desert, abandon
sich **verlieben** to fall in love
verlieren o o to lose, slough off
verraten ie a (ä) to betray
verschwinden a u to disappear, vanish
die **Versprechung, –en** promise
der **Verstand** reason, intellect, understanding
verstecken to hide, conceal
versuchen to try, attempt
verwandt mit related to
verwenden to use, apply, utilize
verzeihen ie ie to forgive
das **Viertel, –** quarter
der **Vokal, –e** vowel
das **Volk, ⁼er** people, crowd
voll-gießen o o to pour full, fill
von . . . an from . . . on; **von . . . her** from
vor allem primarily, above all
vorbei-senden to send by
vor-bereiten auf to prepare for
vor-kommen* to occur, appear
sich **vor-stellen** to imagine
der **Vulkan, –e** volcano

wachsen u a (ä) to grow
die **Wahl, –en** choice
wählen to elect, choose
das **Wahre** truth
die **Wahrheit, –en** truth
wandermüd tired from wandering
waschen u a (ä) to wash
wechseln to change
weder . . . noch neither . . . nor
weg-geben* to give away
weh woe, alas; — **mir** woe is me

244

weiblich feminine

weich soft

der Wein, –e wine

weisen ie ie to point; — auf to point to, indicate

weit far, broad, wide, vast

weiter further; usw. (und so —) etc.

wenigstens at least

werden u o (i) to get, become, grow; — zu to change to

werfen a o (i) to throw, toss

wertvoll valuable

das Wesen, – creature, essence

wiederholen to repeat

die Wiederholung, –en repetition

wieder-kommen* to return

wieder-sehen* to see again

wiegen o o to weigh

die Wiese, –n meadow

der Wille, –ns, –n will

willig willing

willkommen welcome

wirken to produce the effect of being; — auf to affect

die Wirklichkeit reality

die Wirkung, –en effect, impression produced

wobei whereby

woher how, why, from what place

wohnen to reside, live

die Wolke, –n cloud

womit with what

woraus from what

die Wunde, –n wound

die Zahl, –en number

zählen to count

der Zahn, ─e tooth

z.B. (zum Beispiel) e.g. (for example)

das Zeichen, – symbol, sign

zeigen; sich — to show oneself, be able to be seen

die Zeile, –n line, verse

-zeilig line (e.g., achtzeilig eight-line)

die Zeit, –en time; mit der — gradually

zerstören to destroy

die Zerstörung, –en destruction

ziehen o o to pull, draw, move, go, travel

das Ziel, –e goal

ziemlich rather

zittern to tremble, quiver

zögern to hesitate

der Zug, ─e feature, touch, element; train

der Zufall, ─e accident, coincidence

zufrieden content, satisfied

die Zufriedenheit satisfaction, contentment

zugleich at the same time

zu-hören to listen to

die Zukunft future

die Zunge, –n tongue

zurück-bringen* to bring back, return

zurück-lassen* to leave behind

der Zustand, ─e condition

der Zweifel, – doubt

der Zweig, –e twig, branch

zwingen a u to force

Verzeichnis der Überschriften und Gedichtanfänge

Printer and Binder: Vail-Ballou Press, Inc.

78 79 9 8 7 6